LETTRES DE MON MOULIN

ALPHONSE DAUDET

LETTRES
DE
MON MOULIN

Édition établie
par
Colette Becker

GF-Flammarion

© 1972, Introduction and Life of Daudet, Garnier-Flammarion, Paris

© 1972, Text, Fasquelle, Paris

ISBN 2-08-070260-2

1829 : mariage à Nîmes de Vincent Daudet, fabri-
cant de soieries, né en 1806, et d'Adeline Reynaud,
née en 1805, parents du futur écrivain.

1832 : naissance de leur premier enfant, Henri, qui
mourra en 1856.

1837 : naissance d'Ernest Daudet (la « mère Jacques »
du *Petit Chose*).

1840 (13 mai) : naissance d'Alphonse Daudet, à Nîmes.

1843 (?)-1845 : de santé fragile, le petit Alphonse
est mis en pension chez un « père nourricier »,
Trinquié, à Bezouce, petit village des environs de
Nîmes. Il y apprend le provençal; il y entend de
nombreux contes provençaux.

1845-1849 : études chez les Frères de la doctrine
chrétienne, puis à l'institution Canivet, à Nîmes.

1849 : le père, Vincent Daudet, faisant de mauvaises
affaires, vend sa fabrique et part avec les siens pour
Lyon. Ils habitent le quartier ouvrier des Terreaux.

1849-1856 : études à Lyon, d'abord à la Manécante-
rie de l'église Saint-Pierre des Terreaux, puis au
lycée.
Alphonse Daudet est un élève doué et brillant, mais
il fait souvent l'école buissonnière, pour aller canoter,
se promener dans la campagne ou partager la vie de

bohème de quelques camarades. Premiers essais littéraires.

La vie de la famille devient de plus en plus précaire.

1856 : A. Daudet achève sa rhétorique.

1857 (printemps) : ruine de Vincent Daudet ; dispersion
de la famille. A. Daudet, qui n'a pas le baccalauréat,
obtient un poste de répétiteur au collège d'Alès. Il
racontera, de façon romancée, dans *le Petit Chose*,
cette expérience douloureuse qu'il fit de mai à
octobre. Il est renvoyé dans des circonstances assez
mystérieuses.

1857 (1er nov.) : arrivée à Paris où il rejoint son frère
Ernest, qui vit difficilement comme journaliste au
Spectateur.

Ils partagent la même chambre à l'Hôtel du Sénat,
7, rue de Tournon, où logent de nombreux méridio-
naux, en particulier Gambetta.

En décembre, A. Daudet rédige une comédie-pro-
verbe : *Il faut battre le fer quand il est chaud*. Il
achève un recueil de poésies qui s'intitule alors
Amours de tête.

1858 : *le Gaulois* publie deux de ses pièces de vers
(27 fév., 3 mars). Puis le libraire Jules Tardieu édite,
en juillet, le recueil entier sous le titre *les Amoureuses*. Accueil de sympathie pour ces poésies où la
critique et les lectrices retrouvent, après les scan-
dales que venaient de provoquer *les Fleurs du mal*
et *Madame Bovary*, les amours gracieuses et gaies,
les fleurs, les oiseaux, les rêves, les tout petits
enfants...

1858-1860 : Daudet mène une « vie double, assez mys-
térieuse et complexe, faite de misère, d'amour,
d'expédients et d'éclaircies mondaines » (J.-H. Bornecque). Il se lie avec la « jeune garde » artistique
et littéraire qui fréquente la brasserie des Martyrs,

en particulier avec les trois écrivains : J. du Boys, Ch. Bataille et A. Rolland.

Début de sa longue liaison orageuse avec Marie Rieu. Fréquentation de salons mondains et littéraires que lui ouvrent sa beauté et son charme et où il récite ses vers (salons de Mme Ancelot, de Mélanie Waldor, de la comtesse Chodsko, d'Eugène Loudun, etc.).

1859 : en avril, première rencontre avec Mistral, à Paris. Daudet est chroniqueur à *Paris-Journal*. Il publie *Audiberte*, récit d'amour fatal qu'il situe dans le Midi. Il commence une longue collaboration au *Figaro* par des « Choses vues », « le Maître d'études » (qui annonce *le Petit Chose*).

1860 : il devient attaché de cabinet du duc de Morny. Il commence ses fonctions en octobre après avoir passé l'été en Provence où il partage la vie de Mistral et de ses compagnons du félibrige.

1861 : il vit avec Marie Rieu, 24, rue d'Amsterdam. Collaboration à *la Revue fantaisiste* (Catulle Mendès, Th. de Banville, A. Glatigny, etc.). En février, il publie un conte en vers : *la Double Conversion*. Il écrit un drame en un acte : *la Dernière Idole*, en collaboration avec son camarade Ernest Lépine, qui est aussi son chef administratif direct.

1861 (hiver) : gravement malade depuis le printemps, il part pour le Midi, puis, avec son cousin Henri Reynaud, pour l'Algérie (19 déc. 1861-25 fév. 1862). Il tirera plus tard, des souvenirs de ce voyage, *Tartarin de Tarascon*, deux « Lettres de mon moulin » : « A Miliana » et « les Sauterelles », et d'autres récits.

1862 : vif succès de *la Dernière Idole*, à l'Odéon ; mais *le Roman du Chaperon rouge, scènes et fantaisies*, publié à compte d'auteur, ne se vend pas. Daudet, endetté et traversant une crise morale et sentimentale, va habiter seul, près de l'avenue Montaigne, une rue assez mal famée, le Passage des Douze-Maisons. Sa santé redevient mauvaise.

1862-1863 (déc. à mars) : voyage en Corse qui lui inspirera de nombreux récits et contes publiés dans les *Lettres de mon moulin*, les *Contes du lundi*, *Robert Helmont*, etc.

Le premier récit des *Promenades en Afrique*, « la Mule du Cadi », paraît dans *le Monde illustré* (27 déc. 1862; 3, 10 et 17 janv. 1863).

1863 : il publie, dans *le Figaro*, *Chapatin, le tueur de lions*, première ébauche de Tartarin, puis *les Absents*, un proverbe mièvre, et une seconde édition augmentée des *Amoureuses*. En août, Th. de Banville consacre, dans ce même journal, le jeune poète par un de ses « *Camées parisiens* » (voir p. 304).

1863-1864 : troisième congé : Daudet passe l'hiver chez les Ambroy, ses cousins, dans le château de Montauban, près de Fontvieille. Il retrouve Mistral et les autres félibres. Séjour essentiel dans la genèse des *Lettres de mon moulin*.

1864 : vie assez désordonnée. Il écrit, en collaboration avec Lépine, le canevas d'une pièce inédite, *l'Honneur du moulin*, première ébauche du *Secret de Maître Cornille*, une des « lettres » les plus célèbres. Il remanie sa comédie *les Absents* qui devient un opéra-comique sur une musique de Ferdinand Poise. Succès médiocre à l'Opéra-Comique (26 octobre). En décembre, il repart pour Fontvieille.

1865 : le 10 mars, mort du duc de Morny. Daudet quittera l'Administration à l'automne. Le 8 avril, première représentation, au Théâtre-Français, de *l'Œillet blanc*, comédie en un acte, en prose, écrite en collaboration avec Ernest Lépine, qui signe sous le pseudonyme d'Ernest Manuel.

Daudet vit à Clamart, avec ses compagnons retrouvés (Charles Bataille, Jean du Boys, etc.). Il fait la connaissance de Paul Arène, alors répétiteur au lycée de Vanves, avec lequel il noue des liens d'étroite amitié. *Le Moniteur universel du soir* publie, du 12 nov. 1865 au 14 janv. 1866, neuf « Lettres sur Paris et Lettres du village ». Pendant l'été, il fait un voyage à travers l'Alsace avec Alfred Delvau. A la fin de l'année, il rencontre Julia Allard, sa future épouse.

1866 (janv.-mars) : séjour à Jonquières, près de Beaucaire où il esquisse quelques *Lettres de mon moulin* et commence à rédiger *le Petit Chose*.
Au printemps, il achève, avec la collaboration de Paul Arène, les premières lettres. Les douze premières paraissent dans *l'Evénement* du 18 août au 4 novembre. *Le Petit Chose (Histoire d'un enfant)* commence à paraître dans *le Moniteur universel du soir* à partir du 26 novembre. En décembre, publication du *Parnassiculet contemporain*, recueil satirique auquel ont collaboré Daudet, Arène, etc.

1867 (29 janvier) : mariage d'Alphonse Daudet et de Julia Allard. Voyage de noces dans le Midi jusqu'en mars. 16 nov. : naissance du premier enfant du couple : Léon. 19 déc. : le Vaudeville joue *le Frère aîné*, drame en un acte d'A. Daudet et E. Manuel (pseudonyme de Lépine).

1868 (février) : publication du *Petit Chose*. Achat d'une propriété à Champrosay où les Daudet s'installeront. Du 16 oct. au 17 nov., *le Figaro* publie une deuxième série des *Lettres de mon moulin*.

1869 : le 11 février, première, au Vaudeville, d'une comédie en 3 actes, *le Sacrifice*, qui n'obtient pas un grand succès.
Daudet écrit un drame en 5 actes et 7 tableaux, *Lise Tavernier*, qui sera un échec (représenté en 1872). Du 22 août au 2 oct., *le Figaro* publie les trois dernières *Lettres de mon moulin*.

En décembre, publication, chez Hetzel, des *Lettres de mon moulin*, ainsi que du début de *Barbarin de Tarascon* dans *le Petit Moniteur universel du soir* (9-19 déc.).

1870 : Daudet travaille à l'*Arlésienne*, d'après une histoire vécue que lui avait racontée Mistral. *Le Figaro* publie, du 7 fév. au 19 mars, les trois parties du futur *Tartarin de Tarascon* sous le titre : *le Don Quichotte provençal ou les Aventures prodigieuses de l'illustre Barbarin de Tarascon*.

Pendant la guerre, il est garde national au fort de Montrouge, expérience qu'il rappellera dans *les Contes du lundi*, *les Lettres à un absent*, *la Fédor*, etc. 15 août : l'impératrice Eugénie le fait chevalier de la Légion d'honneur.

1871 : *le Soir* publie treize *Lettres à un absent*. Le 25 avril, Daudet quitte Paris pour Nîmes et Fontvieille.

1871-1873 : publication des *Contes du lundi*, en trois séries, dans *le Soir* (18 juillet-2 mars 1872); *l'Evénement* (avril-déc. 1872); et *le Bien Public* (début 1873). Ils paraîtront en volume en 1873.

1872 : en fév., représentation — sans succès — de *Lise Tavernier*, à l'Ambigu Comique (le 16) et publication de *Tartarin de Tarascon* chez Dentu. Daudet tire de l'une des *Lettres de mon moulin*, « l'Arlésienne », une pièce qui porte le même nom et pour laquelle Bizet compose la musique de scène. Echec au Vaudeville, le 1ᵉʳ octobre.

1873 : Daudet se lie avec Flaubert et les Goncourt.

1874 : il commence à écrire *Jack, mœurs parisiennes*, qu'il achèvera en 1875. *Fromont jeune et Risler aîné, mœurs parisiennes*, paraît en feuilleton dans *le Bien Public* du 25 mars au 19 juin. Le roman obtient un grand succès. *Les Femmes d'artistes. Robert Helmont. Etudes et Paysages.*

1876 : il écrit *le Nabab, mœurs parisiennes*, qui paraît dans *le Temps* du 12 juillet au 21 octobre 1877, et en volume, chez Charpentier, en 1878.
Son état de santé donne des inquiétudes.

1878 : il commence à écrire *les Rois en exil*. Naissance de Lucien.

1879 : il achève *les Rois en exil*. Sa santé s'altère gravement : il est atteint d'une maladie incurable de la moelle épinière.

1881 : *Numa Roumestan, mœurs parisiennes*, paraît en feuilleton dans *l'Illustration*, puis en volume chez Fasquelle.

1882-1883 : publication de *l'Evangéliste, roman parisien*, en feuilleton dans *le Figaro* de déc. 1882 à janv. 1883. Puis en volume, chez Dentu, en 1883.

1884 : publication de *Sapho, mœurs parisiennes*, en feuilleton dans *l'Echo de Paris*, puis en volume chez Charpentier.

1885 : *Tartarin sur les Alpes*, chez Calmann-Lévy.

1886 : naissance d'Edmée, troisième enfant des Daudet.

1887 : Daudet est, peut-être, un des inspirateurs — avec Goncourt — du Manifeste des Cinq, signé par P. Bonnetain, Rosny, Descaves, Margueritte et Guiches, qui s'en prend violemment et non sans grossièreté et injustice à Zola et au naturalisme, alors que paraissait *la Terre*.

1888 : *l'Immortel, mœurs parisiennes*, paraît en feuilleton dans *l'Illustration*, puis en volume chez A. Lemerre.
Trente ans de Paris, à travers ma vie et mes livres.
Souvenirs d'un homme de lettres.

1889 : le 30 octobre, *la Lutte pour la vie*, pièce en 5 actes, est jouée au Gymnase dramatique.

1890 : première de *l'Obstacle*, pièce en 4 actes, au théâtre du Gymnase (27 déc.). Fin des aventures de Tartarin avec *Port-Tarascon. Dernières aventures de l'illustre Tartarin*, chez Dentu.

1892 : *la Menteuse*, pièce écrite en collaboration avec Léon Hennique, est jouée au théâtre du Gymnase (4 fév.); *Rose et Ninette, mœurs du jour*, paraît chez Flammarion.

1894 : *Entre les frises et la rampe*, recueil de textes sur la vie théâtrale, dont certains avaient paru dès 1880.
La Petite Paroisse, roman.

1895 : voyage à Londres.

1896 : *le Trésor d'Arlatan*, publié d'abord dans la *Revue hebdomadaire* des 11 et 18 avril.
Voyage en Italie.
La Fédor (contes et nouvelles); *Trois souvenirs* (nouvelles).

1897 : *Soutien de famille* commence à paraître en feuilleton dans *l'Illustration*, lorsque Daudet meurt le 16 décembre.
Publications posthumes :

1898 : *le Sous-Préfet aux champs*, pièce en 1 acte.

1899 : *Notes sur la vie* (souvenirs).

1900 : *Premier voyage, premier mensonge, souvenirs de mon enfance*.

1905 : *la Comtesse Irma* (nouvelle).

1923 : *Pages inédites de critique dramatique (1874-1880)*.

1930 : *Pages inconnues*.

1930 : *la Doulou. Nouvelles notes sur la vie*, extraits des carnets d'Alphonse Daudet.

1944 : *Lettres familiales*, publiées par Lucien Daudet.

PRÉFACE

S'il est une œuvre que tous les Français connaissent, c'est bien les *Lettres de mon moulin*. Quelle mine, en effet, de dictées, de récitations...! Qui n'a pas ânonné un jour : « Ah! Gringoire, qu'elle était jolie la petite chèvre de M. Seguin!... » ou « M. le Sous-Préfet est en tournée. Cocher devant, laquais derrière... » ? Mises en film par Marcel Pagnol, enregistrées par les grandes voix chantantes de Raimu et de Fernandel, elles sont aussi célèbres que les *Fables* de La Fontaine, mais probablement aussi mal connues qu'elles, car on ne les considère souvent que comme une charmante lecture « pour enfants »...

Pourtant Daudet s'est mis tout entier dans ces « impressions et souvenirs ». Tout au long des années pendant lesquelles il les composa, les *Lettres* furent, pour le jeune écrivain, un pèlerinage aux sources, un retour vers le pays et les amis vers lesquels il ne cessera plus de se tourner dans ses malheurs et au plus fort de la maladie. « Quand j'ai froid, écrit-il encore en 1889 à son parent Timoléon Ambroy, quand je souffre — et c'est presque toujours — je me chauffe à des causeries, à des promenades imaginaires avec vous, dans les allées glissantes de bois de pins sentant la farigoule. » Ecrites à Paris, elles recréent une période de vie intense et de bonheur que l'écrivain retrouve

non sans nostalgie dans l'exaltation des heures passées
avec un autre méridional, Paul Arène.

Les « Chroniques provençales » commencèrent à
paraître le 18 août 1866 dans *l'Evénement*, de Villemessant. Il y en eut d'abord douze. Nous indiquons brièvement sous quels titres elles parurent et ce qu'elles
devinrent, la plupart après modifications, lorsque Daudet prépara son volume des *Lettres de mon moulin* :
— *samedi 18 août 1866 :* Introduction, sur le thème
« Comme on est bien dans mon moulin », qui diffère
totalement de la première lettre du volume;
— *jeudi 23 août :* « Il était un petit navire », lettre qui
n'a pas été réunie au volume, mais dont nous don-
nons le texte p. 287;
— *vendredi 31 août :* « A mademoiselle Navarette, rue
du Helder »; modifiée, cette lettre donnera « l'Arlésienne »;
— *vendredi 7 septembre :* « Nostalgies de caserne »;
— *vendredi 14 septembre :* « A monsieur Pierre Gringoire, poète lyrique à Paris »; cette chronique raconte
l'histoire de la chèvre de M. Seguin;
— *vendredi 21 septembre :* « le Livre de l'hiver pro-
chain » qui donnera « le Poète Mistral »;
— *samedi 29 septembre :* « A la Dame qui demande
des histoires gaies »; le conteur lui narre « la Légende
de l'homme à la cervelle d'or », qu'il avait déjà
racontée, sous une forme un peu différente, dans
le Monde illustré du 7 juillet 1860 ;
— *dimanche 7 octobre :* « l'Agonie de la Sémillante »;
— *samedi 13 octobre :* « A M. H. de Villemessant : le
Sous-Préfet aux champs », suivi de « Le Petit Dauphin est malade »;
— *samedi 20 octobre :* « le Secret de Maître Cornille »; Daudet avait déjà raconté cette histoire de
meunier, mais avec un autre dénouement, dans *le
Moniteur universel du soir*, du 5 décembre 1865, sous

le titre « l'honneur du moulin », seconde des « Lettres
sur Paris et Lettres du village » ;
— *dimanche 28 octobre :* « l'Almanach provençal » ;
Daudet raconte le « Sermon de M. Martin, curé de
Cucugnan » ;
— *dimanche 4 novembre :* « A George Sand, directeur du Théâtre de Nohant. La vie et la mort du
papillon. »

Cette douzième lettre, comme la seconde, ne fut pas
réunie au volume. Elle devint le chapitre du *Petit Chose*
intitulé : « Une lecture au passage du Saumon » (voir
texte p. 292).

L'Evénement ayant cessé de paraître le 15 novembre 1866, la publication des *Lettres* fut suspendue.
Une nouvelle série fut publiée dans *le Figaro*, en 1868 :
« la Diligence de Beaucaire », le 16 octobre ; « les
Vieux », le 23 ; « la Mule du pape », le 30 ; « le Portefeuille de Bixiou », le 17 novembre.

Trois autres lettres furent publiées dans le même journal en 1869 : « le Phare des Sanguinaires », le 22 août ;
« les Deux Auberges », le 25 ; et « l'Elixir du Révérend
Père Gaucher », le 2 octobre.

Cette même année 1869, A. Daudet réunit, sous le
titre *Lettres de mon moulin*, dix-huit lettres qu'il fit pré-
céder d'un Avant-propos et qui parurent en volume
chez Hetzel. Ce sont les dix-sept lettres dont nous avons
parlé, auxquelles il joignit « A Miliana », tiré, pour la
plus grande partie, de « la Petite Ville », deuxième
récit des *Promenades en Afrique*, paru dans la *Revue
nouvelle* du 1er février 1864.

Plus tard, lors des réimpressions de l'ouvrage, s'ajou-
tèrent cinq autres lettres publiées dans *Robert Helmont*
(1874) : « les Etoiles », « les Douaniers », « les Oranges »,
« les Sauterelles », « En Camargue », ainsi que « les
Trois Messes basses » parues, en 1873, dans les *Contes
du lundi.*

Au total donc, dans l'édition définitive, vingt-quatre lettres qui, le confie Daudet lui-même dans *Trente ans de Paris, à travers ma vie et mes livres,* furent écrites « au caprice du vent, de l'heure, d'une existence terriblement agitée » (p. 177).

Les cinq premières lettres parurent dans *l'Evénement* sous le pseudonyme « Marie-Gaston ». La sixième portait la signature d'Alphonse Daudet et, au-dessous, « Marie-Gaston ». La septième et les suivantes furent seulement suivies du nom d'Alphonse Daudet.

Pourquoi ce pseudonyme ?

En 1865, les soucis et les déboires se multiplient : le duc de Morny, son protecteur libéral, meurt le 10 mars et Daudet doit quitter l'Administration ; *l'Œillet blanc* ne connaît aucun succès ; ses rapports avec Marie Rieu — avec laquelle il était lié depuis 1858 — deviennent difficiles... Le jeune écrivain se réfugie dans la camaraderie. Il habite 46, rue de Sèvres, en haut de Clamart, une sorte de cité campagnarde. « Nous vivions là quatre ou cinq, raconte-t-il, dans des payotes, Charles Bataille, Jean du Boys, Paul Arène, qui encore ? On s'était réuni pour travailler, et l'on travaillait surtout à courir les routes forestières, cherchant des rimes fraîches et des champignons à gros pieds.

Entre-temps, une bordée sur Paris, toute la bande. Chaque fois la nuit nous surprenait, après l'heure des trains et des carrioles, attardés aux lumières des terrasses avant de nous lancer, bras dessus, bras dessous, et chantant des airs de Provence, dans le noir des mauvais chemins. On faisait tous les cafés de poètes ; et le pèlerinage finissait régulièrement au petit estaminet de Bobino, lequel était alors l'arche sainte de tout ce qui rimait, peignait, cabotinait au quartier latin... »

C'est peut-être là, à Bobino, que Daudet avait fait la

connaissance de cet autre Provençal, né à Sisteron, fraîchement arrivé du Midi où il avait obtenu une licence ès lettres, et qui était répétiteur au lycée de Vanves : Paul Arène. Les deux jeunes hommes se prirent d'amitié, d'autant que tous deux étaient liés à Mistral, Aubanel, Roumanille, Félix Gras. Ils avaient participé, comme les autres poètes de la « colonie de Clamart », au *Parnassiculet contemporain*, satire du Parnasse et des Parnassiens.

Lorsque Daudet écrivit les *Lettres de mon moulin*, Paul Arène participa à leur rédaction. D'où le double pseudonyme emprunté à Balzac : Marie-Gaston. « Gaston, confie Daudet, c'était mon camarade Paul Arène qui, tout jeune, venait de débuter à l'Odéon par un petit acte étincelant d'esprit, de coloris, et vivait tout près de moi, à l'orée du bois de Meudon. Mais quoique ce parfait écrivain n'eût pas encore à son acquis *Jean des Figues* ni *Paris ingénu*, ni tant de pages délicates et fermes, il avait déjà trop de vrai talent, une personnalité trop réelle, pour se contenter longtemps de cet emploi d'aide-meunier. Je restai donc seul à moudre mes petites histoires. » *(Histoire de mes livres, Lettres de mon moulin.)*

Quelle fut exactement la part que prit Paul Arène dans cette collaboration ? Octave Mirbeau, ayant affirmé, dans *les Grimaces* du 8 décembre 1883, qu'Arène était « le véritable auteur » du livre, ce dernier répondit, dans le *Gil Blas* du 16 décembre, sous forme d'une lettre adressée à Daudet :

« Sur les vingt-trois nouvelles conservées dans ton édition définitive, la moitié à peu près fut écrite par nous deux, assis à la même table, autour d'un unique écritoire, joyeusement et fraternellement, en essayant chacun sa phrase avant de la coucher sur le papier. Les autres ne me regardent en rien, et encore, dans celles qui me regardent un peu, ta part reste-t-elle grande, car si j'ai pu y apporter — du diable si je

m'en souviens — quelques détails de couleur ou de
style, toi seul, toujours, en trouvas le jet et les grandes
lignes. »

En l'absence de déclarations plus précises des deux
auteurs (peut-être parce que Daudet, à son tour, aurait
aidé Paul Arène à terminer *Jean des Figues*), il est difficile de dire quelle a été la part de chacun et fort aléatoire
de s'appuyer uniquement, pour le faire, sur des études
de style. Et puis, cette question a-t-elle une si grande
importance, alors qu'existe l'œuvre, reflet d'une camaraderie et, ajoute Daudet, « de ma vie de ce temps-là,
ouverte à tout vent, n'ayant que des élans courts, des
velléités au lieu de volontés, ne suivant jamais que son
caprice et l'aveugle frénésie d'une jeunesse menaçant
de ne point finir » *(Histoire de mes livres, le Petit
Chose)* ?

Mises à part trois fables morales sur la condition
humaine et plus particulièrement sur celle de l'artiste
moderne (« la Mort du petit dauphin », « le Portefeuille de Bixiou », « la Légende de l'homme à la cervelle d'or »), les *Lettres* reflètent les voyages et les sé-
jours que fit cet « endiablé tzigane » (c'est Daudet qui se
qualifie ainsi) dans le monde méditerranéen. Seize sont
inspirées par la Provence, six par la Corse et l'Algérie.
Quand, de plus, on se rappelle que l'action des « Vieux »,
qui s'est réellement passée à Chartres, a été volontai-
rement transportée à Eyguières, on comprend l'importance que prit la Provence dans la genèse de
l'œuvre.

Né à Nîmes en 1840, Daudet quitta cette ville pour
Lyon dès 1849. « Rien que d'écrire Lyon, rappelle-t-il
dans ses *Souvenirs d'enfance. Etudes et Paysages*, mon
cœur se serre. Je me rappelle un ciel bas, couleur de
suie, une brume perpétuelle montant de deux rivières.
Il ne pleut pas, il brouillasse, et dans l'affadissement
d'une atmosphère molle, les murs pleurent, le pavé

suinte, les rampes d'escaliers collent aux doigts. L'aspect de la population, son allure, son langage, se ressentent de l'humidité de l'air. Ce sont des teints blafards, des yeux endormis, des paresses de prononciation s'étalant en accents circonflexes sur des syllabes allongées, je ne sais quoi de veule et de mou dans la voix, dans le geste. »

Il vint à Paris en 1857. Et, quoique devenu ce qu'on appelle « un Parisien », fréquentant la jeune garde littéraire et artistique et les salons mondains, il fut toujours pris par la nostalgie de son pays natal où il vint se « guérir » plusieurs fois, au fort des crises morales et physiques qu'il traversait. La « vibrante lumière du soleil », la netteté des lignes, la pureté bienfaisante de l'air, lui font oublier les brouillards du « Paris bruyant et noir », mais aussi « ses fièvres », ses intrigues et ses médisances (« le Portefeuille de Bixiou »). Il se laisse aller, au rythme de la nature, à la griserie de la lumière et de la chaleur, dans une rêverie très rousseauiste : « On ne pense pas, on ne rêve pas non plus. Tout votre être vous échappe, s'envole, s'éparpille » (« le Phare des Sanguinaires »). Il vient chercher un refuge protecteur — moulin, cabane, cagnard à l'abri du vent, petit bois, « petit coin parfumé et chaud » — où il peut, dans la solitude et les saines émanations des « petites collines provençales », se retrouver et refaire ses forces.

« Il déclare, rapporte Goncourt dans son *Journal*, le 19 juillet 1889, qu'il était venu au monde avec le goût de la campagne, qu'il n'avait point l'appétence de Paris, qu'il n'avait point l'ambition de devenir célèbre, qu'il avait été porté à Paris comme un duvet, et que l'ambition de la célébrité lui était venue du milieu dans lequel il était tombé. » Faut-il le croire sans réserves ? Le volume des *Lettres de mon moulin* commence bien par un hymne de joie à la solitude, au soleil, à la vie simple : « Installation »; mais il se clôt sur « Nostalgies

de caserne » et ces propos désabusés : « Mon Paris me
poursuit jusqu'ici comme le tien (...) Couché dans
l'herbe, malade de nostalgie, je crois voir, au bruit du
tambour qui s'éloigne, tout mon Paris défiler entre les
pins... Ah! Paris!... Paris!... Toujours Paris! »

La façon dont il quitta la Provence, au printemps de
1866, alors qu'il achevait *le Petit Chose*, parce que, seulement, il avait reçu, dans sa solitude, la visite d'un journaliste parisien, montre bien les limites qu'il faut donner
à cet amour du pays natal. Provençal, oui, Daudet l'est,
de fait et de cœur. Mais il est aussi Parisien. Et c'est
peut-être dans l'équilibre qu'il sait trouver et mainte-
nir entre des qualités aussi différentes, voire apparem-
ment opposées, que l'exubérance et la pudeur, la gaieté
et la retenue toute classique, que réside un des grands
charmes des *Lettres de mon moulin*.

C'est aussi parce qu'il ne vit pas seulement dans la
Provence de beaux paysages, des habitants pittoresques
et amusants — surtout pour des Parisiens! — par leur
accent ou leur « faculté de mirage ». Le pays qu'il aime
n'est pas celui attrayant et facile des villes et des plages
de la Côte, mais la terre rude aux hommes, étourdie
de chaleur et du bruissement des cigales, brûlée par le
soleil, desséchée par le vent, les rochers arides ou les
garrigues crayeuses de Fontvieille et de ses environs,
Nîmes, Tarascon, Beaucaire, Arles, le désert de la Crau,
l'étang du Vaccarès, les côtes dangereuses de Corse où
la mer se déchaîne. Des deux « Midi » qu'il discerne,
« le Midi bourgeois » « comique » et « le Midi paysan »
« splendide », c'est le Midi paysan qu'il peint dans ses
Lettres, avant que Julia Allard, son épouse, ne lui donne
d'autres yeux : « Ah! Parisienne de mon âme, qu'as-tu
fait de ton Provençal! »...

De fait, les années qu'il passa à Bezouce, dans une
famille paysanne, probablement entre 1843 et 1845, les
voyages qu'il fit dans le Midi en 1861, 1862 et 1866, les

mois vécus chez les Ambroy au château de Montauban, près de Fontvieille, en 1864 et 1865, les liens étroits qu'il noua avec Mistral et ses amis, l'attachèrent à la terre de Provence, à ses traditions, à sa langue.

« Bezouce, raconte-t-il à son ami le poète-paysan de langue d'oc Batisto Bonnet, a été un peu mon Maillane à moi. Comme Mistral dans son village, à Bezouce j'ai communié avec le peuple, j'ai vécu de sa vie, de ses jeux, de ses chansons, de ses légendes. » Il apprit alors le provençal qu'il parlera et qu'il pourra traduire ; il écouta son père nourricier, Trinquié : « Le soir, dans le calme des vesprées, je l'ai écouté conter ses travaux, et sur le banc de pierre, devant la porte de la maison de Bezouce, près de lui, je me suis grisé du moût divin de notre langue. » Plus tard, au château de Montauban, il fit causer la maîtresse de maison, « l'excellente femme, [...] mémoire pleine d'histoires qu'elle racontait avec tant de simplicité et d'éloquence : des choses de son enfance, humanité disparue, mœurs évanouies ». Il aimait à écouter aussi le berger accroupi dans la cheminée de la cuisine, ou le garde Mitifio qui « amusait la veillée d'un tas de contes, de légendes ».

La rencontre décisive qui cristallisa toutes ces influences, fut certainement celle de Mistral. Daudet le vit pour la première fois à Paris, en 1859, lorsque *Mirèio (Mireille)* venait de triompher. Lamartine avait même consacré un entretien de son *Cours familier de littérature* à cette épopée de la Provence rhodanienne. Les deux jeunes hommes — Mistral avait vu le jour en 1830 — ont raconté l'un et l'autre leur amitié, les longues courses dans la campagne, la vie heureuse et folle d'amis aimant la bonne chère du terroir — catigot d'anguilles, oignons énormes, piments vinaigrés, fromage pétri, olives confites, boutargue de Martigue, merluche braisée — le vin de Châteauneuf-du-Pape, les jolies filles et la poésie. Les *Lettres de mon moulin* se nourriront des si nombreuses sensations et des si nombreux souvenirs que Daudet accumula au long de ces heures.

La double vocation provençale et poétique de Mistral est née, il l'a dit lui-même dans ses *Mémoires et Récits*, du sentiment de la déchéance d'un peuple qui rougit de parler sa langue naturelle ravalée au rang de patois. « Et là-même — à cette heure, j'avais mes vingt et un ans — le pied sur le seuil du mas paternel, les yeux vers les Alpilles, en moi et de moi-même, je pris la résolution : premièrement de relever, de raviver en Provence le sentiment de race que je voyais s'annihiler sous l'éducation fausse et antinaturelle de toutes les écoles; secondement, de provoquer cette résurrection par la restauration de cette langue naturelle et historique du pays, à laquelle les écoles font toutes une guerre à mort; troisièmement, de rendre la vogue au provençal par l'influx et la flamme de la divine poésie. » Pour lutter contre l'uniformisation qui résulte du progrès et de la centralisation, il avait fondé, en 1854, à Font Ségugne, une association avec quelques autres poètes aussi attachés que lui à la défense de la Provence, de ses traditions, de son autonomie, de son peuple et de son parler. Le Félibrige groupa autour de lui Roumanille, Aubanel, Brunet, Giéra, Mathieu, Tavan et Crousillat.

C'est probablement au contact de ces poètes, qui devinrent ses amis, comme au contact des gens de Bezouce ou de Fontvieille, que Daudet acquit ce « sens de la race » dont parle son fils Léon dans le livre qu'il consacre à son père et qui est si visible dans les *Lettres de mon moulin*.

« Cette vie de Maillane est idéale! lui disait l'écrivain. Non seulement cultiver son jardin et sa vigne, mais encore les célébrer, ajouter par la gloire à la légende, renouer la chaîne des ancêtres! Il est singulier que la poésie ne s'attache qu'aux objets venus de loin, d'un long usage. Ce qu'on appelle *le progrès*, mot vague

et bien douteux, suscite les parties basses de l'intelligence. Les parties hautes vibrent mieux pour ce qui a
touché, exalté une longue série d'imaginations issues
les unes des autres, fortifiées par la vue des mêmes paysages, la senteur des mêmes arômes, le toucher des
mêmes meubles polis. Les vieilles, très vieilles empreintes
descendent jusqu'au fond de la *mémoire* obscure, de
cette *mémoire de la race* que tisse la foule des mémoires
individuelles. Elles se joignent, les vieilles empreintes,
à tout l'effort des laboureurs, des vignerons, des fores-
tiers. » *(Alphonse Daudet.)*

L'œuvre entière de l'écrivain, *les Rois en exil, Tartarin de Tarascon, le Trésor d'Artalan*, certains *Contes
du lundi, Numa Roumestan, Sapho, le Petit Chose,
l'Arlésienne...* et, bien sûr, les *Lettres de mon moulin*,
ressuscite les mœurs, les costumes, la bonne vie d'avant
les « minoteries à vapeur », du temps des moulins à
vent, « des coches sur le Rhône et des jaquettes à
grandes fleurs » (« le Secret de Maître Cornille »). Elle
est pleine de chants de Provence, de vieux Noëls, de
contes, de vieilles croyances, que Daudet avait écoutés
lui-même et notés sur ses carnets [1], ou qu'il puisa dans

---

1. « Le vrai est que, pendant des années et des années, dans
un minuscule cahier vert que j'ai là devant moi, plein de notes
serrées et d'inextricables ratures, sous ce titre générique, LE MIDI,
j'ai résumé mon pays de naissance, climat, mœurs, tempérament,
l'accent, les gestes, frénésies et ébullitions de notre soleil, et
cet ingénu besoin de mentir qui vient d'un excès d'imagination,
d'un délire expansif, bavard et bienveillant, si peu semblable au
froid mensonge pervers et calculé qu'on rencontre dans le Nord.
Ces observations je les ai prises partout, sur moi d'abord qui me
sers toujours à moi-même d'unité de mesure, sur les miens, dans
ma famille et les souvenirs de ma petite enfance conservés par
une étrange mémoire où chaque sensation se marque, se cliche
sitôt éprouvée.
» Tout noté sur le cahier vert, depuis ces chansons du pays, ces
proverbes et locutions où l'instinct d'un peuple se confesse,
jusqu'aux cris des vendeuses d'eau fraîche, des marchands de
berlingots et d'azeroles de nos fêtes foraines, jusqu'aux geigne-

l'Almanach provençal où les Félibres collectionnaient, avec un amour respectueux, et à l'intention des artistes mais surtout du peuple, les richesses du folklore provençal.

Mais s'il éprouve une certaine nostalgie du passé, de ses fêtes, de ses traditions, qu'il rappelle avec attendrissement, il ne demande pas néanmoins un retour aux temps anciens. Il ne s'emporte pas, comme Mistral, contre les machines « espèces d'araignées monstrueuses, de crabes gigantesques », « monstres à vapeur, sortes de tarasques »... qui ont envahi l'agriculture, pour réclamer le retour aux antiques méthodes des travaux des champs accomplis idylliquement dans l'allégresse et les chansons. Daudet a soutenu les Félibres et admiré profondément le poète de Maillane. Mais il n'avait pas l'âme d'un militant et il était trop « parisien » pour ne pas voir les limites de leur mouvement. Capable de parler et de traduire le provençal littéraire, dont il reconnaissait les beautés, il n'écrivit jamais en cette « belle langue (...), plus qu'aux trois quarts latine, que les reines ont parlée autrefois, et que maintenant nos pâtres seuls comprennent ». (« Le poète Mistral ».)

Mais, de cette tradition populaire, il tira les traits caractéristiques de son talent et, en particulier, des *Lettres de mon moulin*.

Comme dans la tradition primitive du conte, l'auteur

ments de nos maladies que l'imagination grossit et répercute, presque toutes nerveuses, rhumatismales, causées par ce ciel de vent et de flamme qui vous dévore la moelle, met tout l'être en fusion comme une canne à sucre ; noté jusqu'aux crimes du Midi, explosions de passion, de violence ivre, ivre sans boire, qui déroutent, épouvantent la conscience des juges, venus d'un autre climat, éperdus au milieu de ces exagérations, de ces témoignages extravagants qu'ils ne savent pas " mettre au point ". » (A. Daudet, *Souvenirs d'un homme de lettres*, Paris, 1888, p. 43.)

s'adresse directement au lecteur, le prend souvent à témoin ; il lui arrive aussi de céder la parole à un conteur, un berger ou Francet Mamaï le « vieux joueur de fifre [...] qui connaît son légendaire provençal sur le bout du doigt ». Les *Lettres de mon moulin* doivent être lues à haute voix et mimées. Ce n'est qu'à haute voix, en effet, que chantent les sonorités ronflantes des noms hauts en couleur des Sires de Trinquelage, de Dom Balaguère, de Pascal Doigt-de-Poix... ; les exclamations si nombreuses, les cris des bergers ou des aides-meuniers, les « zou », « Diahue », « frrrt »... ; les jurons ou les mots patois, « pécaïre », « viédase », « miarro », « vaïle »... ; les transcriptions de l'accent du pays (« le gindre du boulanger »), ou encore les phrases entières de provençal que Daudet sème ici et là..., en un mot, toute une joie du verbe, une verve, qui donne aux *Lettres* leur saveur du terroir, mais toujours avec modération.

Du style parlé des conteurs populaires, les *Lettres* gardent aussi les expressions naïves (« c'est qu'elle n'avait peur de rien la Blanquette »... « Il vous riait si bien du haut de sa mule »...), les dictons ou les comparaisons populaires (« Pas plus de Cucugnanais que d'arêtes dans une dinde... »), et surtout un rythme de phrase qui suit celui du récit. Les points d'exclamation, les points de suspension se multiplient parce que les intonations, les silences, les mimiques font toute la saveur du discours ; les accumulations, les répétitions, traduisent la joie, l'exaltation d'un conteur qui se rappelle l'heureux temps : « Car chez nous, quand le peuple est content, il faut qu'il danse, il faut qu'il danse... »

Ces lettres sont celles d'un causeur dont tous les amis ont loué la conversation captivante, la gaieté et la verve méridionales. « On sent qu'il joue lui-même ses personnages. Souvent, il s'oublie, il leur parle, les gourmande ou les approuve (...) Mais qui songerait à lui reprocher cette exubérance, cette façon d'écrire, si

vivante que ses amis croient l'entendre et le voir en le
lisant ? » Ce jugement que Zola porte sur les romans
de Daudet [1] ne caractérise-t-il pas parfaitement les
Lettres de mon moulin ?

Du conteur encore, Daudet possède l'art de « donner
à voir ». Peu de couleurs dans ses textes ; ce n'était pas
un peintre. Il sentait et écoutait plus qu'il ne regardait,
peut-être à cause de sa myopie. Lorsqu'il se laisse aller
à une description ou au « style », il devient vite laborieux
et conventionnel, comme dans certains passages de « En
Camargue ». Mais il excelle dans l'art de camper en
quelques traits un personnage, d'esquisser un paysage,
de croquer une scène en une ou deux lignes, surtout de
rendre une atmosphère. Qu'on relise, par exemple, au
début de « la Diligence de Beaucaire », le portrait du
rémouleur : « sur le devant, près du conducteur, un
homme... non ! une casquette, une énorme casquette en
peau de lapin, qui ne disait pas grand-chose et regardait
la route d'un air triste. » On y sent l'hésitation du narra-
teur qui cherche, sans souci de la logique ou des conven-
tions grammaticales, l'expression forte qui emportera
l'imagination de l'auditeur. L'Avignon des Papes ? Il
suffit au conteur d'une seule phrase faite d'énuméra-
tions et de la juxtaposition d'impressions pour en traduire le mouvement, la joie, la richesse...

L'intérêt du lecteur-auditeur est encore retenu par
l'extraordinaire variété des *Lettres :* variété de forme, de
tons, de style, de sujets... Comédie, petit drame, chose
vue, reportage, souvenir, histoire vécue, fantaisie, conte
fantastique, farce, fable, conte philosophique, ballade
en prose, légendes merveilleuses..., tous les genres y
sont abordés. La composition même du volume reflète
cet art d'attacher le lecteur, de lettre à lettre, en le cap-
tivant par la nouveauté du sujet ou par celle de la

---

1. E. Zola, *les Romanciers naturalistes*, « Alphonse Daudet ».

forme, par une savante alternance du sourire et de la
pitié, de la gaieté et des larmes, de la poésie et de la
réalité, de la tendresse et de l'humour... Cette richesse,
on la retrouve à l'intérieur même des lettres. Ainsi, en
lisant « Installation », on passe du sourire amusé à la
fantaisie, de la « chose vue » à la sympathie émue qui
enveloppe bêtes et gens, pour finir dans un monde
merveilleux où les bêtes vivent et parlent comme les
hommes.

C'est que Daudet est doué d'une exceptionnelle
« porosité » à la vie. « Il y a à peine huit jours que je
suis installé, j'ai déjà la tête bourrée d'impressions et de
souvenirs », écrit-il dès la première lettre. Et ailleurs :
« Quelle merveilleuse machine à sentir j'ai été! (...)
Fallait-il que je fusse poreux et pénétrable; des impressions, des sensations, à remplir des tas de livres et
toutes d'une intensité de rêves. » *(Notes sur la
vie.)*

S'il retrouve dans ses *Lettres* la verve satirique
populaire qui s'exerce aux dépens des moines depuis
le Moyen Age (« le Curé de Cucugnan », « l'Elixir du
Révérend Père Gaucher », « les Trois Messes basses »...),
et la tradition des conteurs du terroir, il s'y montre
surtout plein de sympathie pour les êtres, les animaux
et les choses, tout ce monde mystérieux qui, le soir,
« s'éveille dans la solitude et le silence », quand les
hommes se taisent (« les Etoiles »). Le volume qui
s'ouvre sur l'évocation fantaisiste du pays merveilleux
de Pampérigouste et de la « Bibliothèque des cigales,
[...] admirablement montée, ouverte aux poètes jour
et nuit » (« la Mule du pape ») est, en fait, rempli des
impressions et des souvenirs du jeune homme.

Son attention émue va essentiellement vers les gens
simples : soldats du train envoyés en Crimée (« l'Agonie
de la Sémillante »), douaniers et matelots douaniers,
bergers, gardes-chasse, petits vieux, morts abandonnés
de la Sémillante... Il ressent leurs souffrances. Il parle,

avec une sympathie apitoyée, de leur vie dure et labo-
rieuse, dangereuse et souvent héroïque. Mais sa compas-
sion ne débouche jamais sur une critique sociale ou sur
une revendication. Le jeune berger du conte « les
Etoiles » n'éprouve aucune aigreur et il adore la fille
inaccessible de ses maîtres comme une fée. Les douaniers deviennent presque des modèles que Daudet pro-
pose aux ouvriers parisiens : « C'est tout ce qu'arrachait à ces ouvriers de la mer, patients et doux, le
sentiment de leur propre infortune. Pas de révoltes, pas
de grèves. Un soupir, et rien de plus! » Faut-il rappeler
que la première Association Internationale des Travailleurs a été fondée en 1864, que le droit de coalition a
été accordé la même année, que les grèves s'étaient
multipliées, que la troupe avait tiré sur les mineurs
en grève à la Ricamarie, en 1869, et encore à Aubin... ?
Ce qui avait fait écrire à Henri Rochefort, dans *le
Rappel* du 16 octobre : « L'Empire continue à éteindre
le paupérisme. 27 morts et 40 blessés, voilà encore
quelques pauvres de moins. »

Du voyage en Algérie, les *Lettres* ne gardent pas
trace des problèmes posés par la colonisation. « A Miliana » n'offre qu'un défilé de croquis pittoresques.
Daudet se tient à l'écart, il se borne à « regarder »
l'affrontement des communautés religieuses. Seuls l'intéressent des personnages (l'interprète, la bohémienne,
le chef arabe) ou des scènes « typiques ». Dans « les
Sauterelles », sa pitié va vers les colons dont le travail et
l'œuvre admirables sont anéantis en quelques secondes
(« Je songeais qu'il y a vingt ans, quand ces braves
gens étaient venus s'installer dans ce vallon du Sahel,
ils n'avaient trouvé qu'une méchante baraque de can-
tonniers, une terre inculte... »).

Des *Lettres*, se dégage un idéal de vie simple tout
opposée à celle du Paris frivole. L'honneur y est intran-
sigeant, mais l'héroïsme reste bon enfant. Ces contes,

souvent moraux, illustrent une sagesse populaire qui n'est pas sans rapport avec celle de La Fontaine : méfions-nous des intrigants, une mauvaise action est toujours punie (« la Mule du pape »); la liberté est attrayante mais dangereuse (« la Chèvre de M. Seguin »); l'argent mène le monde (« la Légende de l'homme à la cervelle d'or »), etc. Les souffrances, la maladie, les misères, la mort frappent. La tonalité tragique des trois récits corses, exceptionnellement groupés, n'est pas estompée par le rire des deux contes qui les encadrent : « la Mule du pape » et « le Curé de Cucugnan ». Pourtant la bonne humeur l'emporte : on s'amuse, parfois aux dépens d'autrui, mais c'est sans méchanceté, pour rire. Car on a bon cœur, on s'entraide toujours. Maître Cornille meurt heureux, alors que dans la première version de l'histoire on découvrait le meunier Tissot mort de faim.

La tonalité du volume reste optimiste, soit que Daudet ait sacrifié aux désirs des lecteurs de *l'Evénement*, soit plutôt qu'il ait été frappé par la passion et la joie de vivre des habitants de la Provence qui le brûlaient lui-même.

Ainsi, écrit Jean Pierrot, les *Lettres de mon moulin* « prolongent et mêlent les courants traditionnels du conte français : stylisation humaine et comique du fabliau médiéval, merveilleux des légendes, allégresse de la chanson populaire, humour et fantaisie des *Fables* de La Fontaine. Il faut ajouter les richesses propres à la prose du XIXe siècle : art de la nouvelle tel que Mérimée, quelques années auparavant, le porta à sa perfection, avec ses qualités d'atmosphère, de réalisme et de dramatisation; style impressionniste vers lequel s'orientent des contemporains de Daudet comme Fromentin ou les Goncourt ».

Mais tous ces éléments sont amalgamés, fondus plutôt, avec le plus grand art, en des morceaux au charme pénétrant, qui touchent toutes les sensibilités, tous les publics.

Les *Lettres de mon moulin* sont à la mesure de « l'indolence naturelle » que se reconnaissait Daudet lui-même dans *Trente ans de Paris*, de ce « lazzaronisme de race qui répugne aux longs efforts d'attention, de réflexion ». Elles reflètent sa passion de la vie, sa verve, son exubérance méridionales, son tempérament primesautier, son besoin de plaisanter et d'amuser : « Moi aussi je suis un galéjaïre! », avouait-il. Mais sa raillerie y reste toujours simple et aimable, et souvent son rire est au bord des larmes. Car ces petits textes reflètent avant tout une faculté d'émotion exceptionnelle, un don assez étonnant de s'incarner dans d'autres êtres.

La lettre, conte, bref récit, petit drame, court souvenir d'impressions vécues, semble avoir été la forme la mieux adaptée au tempérament de ce « maître-charmeur » qui voulait simplement être un « marchand de bonheur ».

« Il était causeur, écrit Rémy de Gourmont dans *Epilogues*, c'est presque être conteur; il était du Midi, c'est le pays où les phrases font des bruits de cigales. Donc il conta délicieusement. *Il conte comme il raconte*, et avec un plaisir évident, souriant, communicatif : c'était sa vocation. »

Colette BECKER.

BIBLIOGRAPHIE

I. — ÉDITIONS DE L'ŒUVRE

Edition originale : Lettres de mon moulin. Impressions et souvenirs, par Alphonse Daudet auteur du *Petit Chose*, Paris, Hetzel, 1869, in-18, 302 p.

Edition définitive : Lettres de mon moulin. Impressions et souvenirs, Paris, Charpentier, 1887, in-18, 332 p.

Editions des Œuvres complètes :

Paris, Dentu et Charpentier, 1881-87, 8 vol., in-8°. (Les *Lettres* se trouvent au t. V et sont précédées de « Histoire de ce livre », par A. Daudet, texte repris dans *Trente ans de Paris, à travers ma vie et mes livres*.)

Paris, Alexandre Houssiaux, 1899-1901, 18 vol., in-8°. « Poésies, Contes et Nouvelles, t. I », dont les *Lettres*. Edition précédée d'un essai de biographie littéraire par Henry Céard.

Paris, Librairie de France, 1929-1931, 20 vol., in-4°, édition dite « Ne varietur ».

(T. III, *Lettres de mon moulin* : cette édition reproduit l'édition originale, c'est-à-dire dix-huit lettres ; les lettres ajoutées par Daudet dans les éditions ultérieures se trouvent au t. V : « les Etoiles », « les

Douaniers », « les Oranges », « les Sauterelles », « En Camargue », et au t. IV : « les Trois Messes basses ».)

Editions commentées :

A. Daudet, *Lettres de mon moulin*, édition annotée et commentée par Jacques-Henry Bornecque, Paris, Fayard, 1948.

A. Daudet, *Lettres de mon moulin*. Classiques illustrés Hachette, tableaux et notices par Jean Pierrot, notes et questions de Claude Jamet, Hachette, 1968.

II. — ÉTUDES BIOGRAPHIQUES ET CRITIQUES

Georges BEAUME, *les Lettres de mon moulin d'Alphonse Daudet*, Paris, Malfère, 1929, 140 p., coll. « les Grands événements littéraires ».

Batisto BONNET, *le Baïle Alphonse Daudet, souvenirs*, traduits par Joseph Loubet, Paris, Flammarion, 1912, 460 p.

Jacques-Henry BORNECQUE, *les Années d'apprentissage d'Alphonse Daudet*, Paris, Nizet, 1951, 538 p.

Jacques-Henry BORNECQUE, *Aventures prodigieuses de Tartarin de Tarascon*, texte établi avec une longue introduction, chronologie, bibliographie, etc., par J.-H. Bornecque, Paris, Garnier, 1968, coll. « Classiques Garnier ».

Alphonse DAUDET, *Souvenirs d'un homme de lettres*, Paris, Marpon et Flammarion, 1888, 262 p.

Alphonse DAUDET, *Trente ans de Paris, à travers ma vie et mes livres*, Paris, Marpon et Flammarion, 1888, 344 p.

Ernest DAUDET, *Mon frère et moi, souvenirs d'enfance et de jeunesse*, Paris, Plon, 1882, 286 p.

Léon DAUDET, *Alphonse Daudet*, Paris, Fasquelle, 1898, 302 p.

Lucien DAUDET, *Vie d'Alphonse Daudet*, Paris, Galli-
    mard, 1941, 331 p.

Marcel PAGNOL, *Trois « Lettres de mon Moulin »,
    adaptation et dialogues du film d'après l'œuvre d'Al-
    phonse Daudet*, Paris, Flammarion, 1954, 219 p.
    (Il s'agit de : « les Trois Messes basses », « l'Elixir
    du Père Gaucher », « le Secret de maître Cornille »,
    précédées d'un « Prologue » mettant en scène, autour
    de Daudet, plusieurs personnages : le poète Rouma-
    nille, des paysans...)

LETTRES DE MON MOULIN

AVANT-PROPOS

Par-devant maître Honorat Grapazi, notaire à la résidence de Pampérigouste,

« A comparu

« Le sieur Gaspard Mitifio, époux de Vivette Cornille, ménager au lieudit des Cigalières et y demeurant :

« Lequel par ces présentes a vendu et transporté sous les garanties de droit et de fait, et en franchise de toutes dettes, privilèges et hypothèques,

« Au sieur Alphonse Daudet, poète, demeurant à Paris, à ce présent et ce acceptant,

« Un moulin à vent et à farine, sis dans la vallée du Rhône, au plein cœur de Provence, sur une côte boisée de pins et de chênes verts ; étant ledit moulin abandonné depuis plus de vingt années et hors d'état de moudre, comme il appert des vignes sauvages, mousses, romarins, et autres verdures parasites qui lui grimpent jusqu'au bout des ailes ;

« Ce nonobstant, tel qu'il est et se comporte, avec sa grande roue cassée, sa plate-forme où l'herbe pousse dans les briques, déclare le sieur Daudet trouver ledit moulin à sa convenance et pouvant servir à ses travaux de poésie, l'accepte à ses risques et périls, et sans aucun recours contre le vendeur, pour cause de réparations qui pourraient y être faites.

« Cette vente a lieu en bloc moyennant le prix convenu, que le sieur Daudet, poète, a mis et déposé sur le bureau en espèces de cours, lequel prix a été de suite touché et retiré par le sieur Mitifio, le tout à la vue des notaires et des témoins soussignés, dont quittance sous réserve.

« Acte fait à Pampérigouste, en l'étude Honorat, en présence de Francet Mamaï, joueur de fifre, et de Louiset dit le Quique, porte-croix des pénitents blancs ;

« Qui ont signé avec les parties et le notaire après lecture... »

INSTALLATION

Ce sont les lapins qui ont été étonnés!... Depuis si longtemps qu'ils voyaient la porte du moulin fermée, les murs et la plate-forme envahis par les herbes, ils avaient fini par croire que la race des meuniers était éteinte, et, trouvant la place bonne, ils en avaient fait quelque chose comme un quartier général, un centre d'opérations stratégiques : le moulin de Jemmapes des lapins... La nuit de mon arrivée, il y en avait bien, sans mentir, une vingtaine assis en rond sur la plate-forme, en train de se chauffer les pattes à un rayon de lune... Le temps d'entrouvrir une lucarne, frrt! voilà le bivouac en déroute, et tous ces petits derrières blancs qui détalent, la queue en l'air, dans le fourré. J'espère bien qu'ils reviendront.

Quelqu'un de très étonné aussi, en me voyant, c'est le locataire du premier, un vieux hibou sinistre, à tête de penseur, qui habite le moulin depuis plus de vingt ans. Je l'ai trouvé dans la chambre du haut, immobile et droit sur l'arbre de couche, au milieu des plâtras, des tuiles tombées. Il m'a regardé un moment avec son œil rond ; puis, tout effaré de ne pas me reconnaître, il s'est mis à faire : « Hou! hou! » et à secouer péniblement ses ailes grises de poussière ; — ces diables de penseurs! ça ne se brosse jamais... N'importe! tel qu'il est, avec ses yeux clignotants et sa mine renfrognée, ce locataire silencieux me plaît encore mieux

qu'un autre, et je me suis empressé de lui renouveler
son bail. Il garde comme dans le passé tout le haut du
moulin avec une entrée par le toit; moi je me réserve
la pièce du bas, une petite pièce blanchie à la chaux,
basse et voûtée comme un réfectoire de couvent.

C'est de là que je vous écris, ma porte grande
ouverte, au bon soleil.

Un joli bois de pins tout étincelant de lumière
dégringole devant moi jusqu'au bas de la côte. A l'horizon, les Alpilles découpent leurs crêtes fines... Pas de
bruit... A peine, de loin en loin, un son de fifre, un
courlis dans les lavandes, un grelot de mules sur la
route... Tout ce beau paysage provençal ne vit que par
la lumière.

Et maintenant, comment voulez-vous que je le
regrette, votre Paris bruyant et noir? Je suis si bien
dans mon moulin! C'est si bien le coin que je cherchais,
un petit coin parfumé et chaud, à mille lieues des
journaux, des fiacres, du brouillard!... Et que de jolies
choses autour de moi! Il y a à peine huit jours que je
suis installé, j'ai déjà la tête bourrée d'impressions et
de souvenirs... Tenez! pas plus tard qu'hier soir, j'ai
assisté à la rentrée des troupeaux dans un *mas* (une
ferme) qui est au bas de la côte, et je vous jure que je
ne donnerais pas ce spectacle pour toutes les *premières*
que vous avez eues à Paris cette semaine. Jugez plutôt.

Il faut vous dire qu'en Provence, c'est l'usage, quand
viennent les chaleurs, d'envoyer le bétail dans les
Alpes. Bêtes et gens passent cinq ou six mois là-haut,
logés à la belle étoile, dans l'herbe jusqu'au ventre;
puis, au premier frisson de l'automne on redescend au
mas, et l'on revient brouter bourgeoisement les petites
collines grises que parfume le romarin... Donc hier soir
les troupeaux rentraient. Depuis le matin, le portail
attendait, ouvert à deux battants; les bergeries étaient

pleines de paille fraîche. D'heure en heure on se disait :
« Maintenant ils sont à Eyguières, maintenant au
Paradou. » Puis tout à coup, vers le soir, un grand
cri : « Les voilà! » et là-bas, au lointain, nous voyons
le troupeau s'avancer dans une gloire de poussière.
Toute la route semble marcher avec lui... Les vieux
béliers viennent d'abord, la corne en avant, l'air sauvage; derrière eux le gros des moutons, les mères un
peu lasses, leurs nourrissons dans les pattes; — les
mules à pompons rouges portant dans des paniers les
agnelets d'un jour qu'elles bercent en marchant; puis
les chiens tout suants, avec des langues jusqu'à terre,
et deux grands coquins de bergers drapés dans des
manteaux de cadis roux qui leur tombent sur les talons
comme des chapes.

Tout cela défile devant nous joyeusement et s'engouffre sous le portail, en piétinant avec un bruit
d'averse... Il faut voir quel émoi dans la maison. Du
haut de leur perchoir, les gros paons vert et or, à crête
de tulle, ont reconnu les arrivants et les accueillent par
un formidable coup de trompette. Le poulailler, qui
s'endormait, se réveille en sursaut. Tout le monde est
sur pied : pigeons, canards, dindons, pintades. La
basse-cour est comme folle; les poules parlent de passer la nuit!... On dirait que chaque mouton a rapporté
dans sa laine, avec un parfum d'Alpe sauvage, un peu
de cet air vif des montagnes qui grise et qui fait danser.

C'est au milieu de tout ce train que le troupeau
gagne son gîte. Rien de charmant comme cette installation. Les vieux béliers s'attendrissent en revoyant
leur crèche. Les agneaux, les tout petits, ceux qui sont
nés dans le voyage et n'ont jamais vu la ferme,
regardent autour d'eux avec étonnement.

Mais le plus touchant encore, ce sont les chiens, ces
braves chiens de berger, tout affairés après leurs bêtes
et ne voyant qu'elles dans le *mas*. Le chien de garde a
beau les appeler du fond de sa niche : le seau du puits,

tout plein d'eau fraîche, a beau leur faire signe : ils ne veulent rien voir, rien entendre, avant que le bétail soit rentré, le gros loquet poussé sur la petite porte à claire-voie, et les bergers attablés dans la salle basse. Alors seulement ils consentent à gagner le chenil, et là, tout en lapant leur écuellée de soupe, ils racontent à leurs camarades de la ferme ce qu'ils ont fait là-haut dans la montagne, un pays noir où il y a des loups et de grandes digitales de pourpre pleines de rosée jusqu'au bord.

LA DILIGENCE DE BEAUCAIRE

C'était le jour de mon arrivée ici. J'avais pris la diligence de Beaucaire, une bonne vieille patache qui n'a pas grand chemin à faire avant d'être rendue chez elle, mais qui flâne tout le long de la route, pour avoir l'air, le soir, d'arriver de très loin. Nous étions cinq sur l'impériale sans compter le conducteur.

D'abord un gardien de Camargue, petit homme trapu, poilu, sentant le fauve, avec de gros yeux pleins de sang et des anneaux d'argent aux oreilles; puis deux Beaucairois, un boulanger et son *gindre*, tous deux très rouges, très poussifs, mais des profils superbes, deux médailles romaines à l'effigie de Vitellius. Enfin, sur le devant, près du conducteur, un homme... non! une casquette, une énorme casquette en peau de lapin, qui ne disait pas grand-chose et regardait la route d'un air triste.

Tous ces gens-là se connaissaient entre eux et parlaient tout haut de leurs affaires, très librement. Le Camarguais racontait qu'il venait de Nîmes, mandé par le juge d'instruction pour un coup de fourche donné à un berger. On a le sang vif en Camargue... Et à Beaucaire donc! Est-ce que nos deux Beaucairois ne voulaient pas s'égorger à propos de la Sainte Vierge? Il paraît que le boulanger était d'une paroisse depuis longtemps vouée à la madone, celle que les Provençaux appellent la *bonne mère* et qui porte le petit Jésus dans ses bras; le gindre, au contraire, chantait au lutrin d'une église toute neuve qui s'était consacrée à l'Immaculée Conception, cette belle image souriante qu'on représente les bras pendants, les mains pleines de rayons. La querelle venait de là. Il fallait voir comme ces deux bons catholiques se traitaient, eux et leurs madones :

— Elle est jolie, ton immaculée!

— Va-t'en donc avec ta bonne mère!

— Elle en a vu de grises, la tienne, en Palestine!

— Et la tienne, hou! la laide! Qui sait ce qu'elle n'a pas fait... Demande plutôt à saint Joseph.

Pour se croire sur le port de Naples, il ne manquait plus que de voir luire les couteaux, et ma foi, je crois bien que ce beau tournoi théologique se serait terminé par là si le conducteur n'était pas intervenu.

— Laissez-nous donc tranquilles avec vos madones, dit-il en riant aux Beaucairois : tout ça c'est des histoires de femmes, les hommes ne doivent pas s'en mêler.

Là-dessus, il fit claquer son fouet d'un petit air sceptique qui rangea tout le monde de son avis.

La discussion était finie; mais le boulanger, mis en train, avait besoin de dépenser le restant de sa verve, et, se tournant vers la malheureuse casquette, silencieuse et triste dans son coin, il lui dit d'un air goguenard :

— Et ta femme, à toi, rémouleur ?... Pour quelle paroisse tient-elle ?

Il faut croire qu'il y avait dans cette phrase une intention très comique, car l'impériale tout entière partit d'un gros éclat de rire... Le rémouleur ne riait pas, lui. Il n'avait pas l'air d'entendre. Voyant cela, le boulanger se tourna de mon côté :

— Vous ne la connaissez pas sa femme, monsieur ? une drôle de paroissienne, allez! Il n'y en a pas deux comme elle dans Beaucaire.

Les rires redoublèrent. Le rémouleur ne bougea pas; il se contenta de dire tout bas, sans lever la tête :

— Tais-toi, boulanger.

Mais ce diable de boulanger n'avait pas envie de se taire, et il reprit de plus belle :

— Viédase! Le camarade n'est pas à plaindre d'avoir une femme comme celle-là... Pas moyen de s'ennuyer un moment avec elle... Pensez donc! une belle qui se fait enlever tous les six mois, elle a toujours quelque chose à vous raconter quand elle revient... C'est égal, c'est un drôle de petit ménage... Figurez-vous, monsieur, qu'ils n'étaient pas mariés depuis un an, paf! voilà la femme qui part en Espagne avec un marchand de chocolat.

Le mari reste seul chez lui à pleurer et à boire... Il était comme fou. Au bout de quelque temps, la belle est revenue dans le pays, habillée en Espagnole, avec un petit tambour à grelots. Nous lui disions tous :

— Cache-toi; il va te tuer.

— Ah! ben oui; la tuer... Ils se sont remis ensemble bien tranquillement, et elle lui a appris à jouer du tambour de basque.

Il y eut une nouvelle explosion de rires. Dans son coin, sans lever la tête, le rémouleur murmura encore :

— Tais-toi, boulanger.

Le boulanger n'y prit pas garde et continua :

— Vous croyez peut-être, monsieur, qu'après son retour d'Espagne la belle s'est tenue tranquille! Ah... mais non!... Son mari avait si bien pris la chose! Ça lui a donné envie de recommencer... Après l'Espagnol, ç'a été un officier, puis un marinier du Rhône, puis un musicien, puis un... Est-ce que je sais?... Ce qu'il y a de bon, c'est que chaque fois c'est la même comédie. La femme part, le mari pleure; elle revient, il se console. Et toujours on la lui enlève, et toujours il la reprend... Croyez-vous qu'il a de la patience, ce mari-là! Il faut dire aussi qu'elle est crânement jolie, la

petite rémouleuse... un vrai morceau de cardinal : vive,
mignonne, bien roulée ; avec ça, une peau blanche et
des yeux couleur de noisette qui regardent toujours
les hommes en riant... Ma foi ! mon Parisien, si vous
repassez jamais par Beaucaire.

— Oh ! tais-toi, boulanger, je t'en prie..., fit encore
une fois le pauvre rémouleur avec une expression de
voix déchirante.

A ce moment, la diligence s'arrêta. Nous étions au
mas des Anglores. C'est là que les deux Beaucairois
descendaient, et je vous jure que je ne les retins pas...
Farceur de boulanger ! Il était dans la cour du *mas*
qu'on l'entendait rire encore.

Ces gens-là partis, l'impériale sembla vide. On avait
laissé le Camarguais à Arles ; le conducteur marchait
sur la route à côté de ses chevaux... Nous étions seuls
là-haut, le rémouleur et moi chacun dans notre coin,
sans parler. Il faisait chaud ; le cuir de la capote brûlait. Par moments, je sentais mes yeux se fermer et ma
tête devenir lourde ; mais impossible de dormir. J'avais
toujours dans les oreilles ce « Tais-toi, je t'en prie »,
si navrant et si doux... Ni lui non plus, le pauvre
homme ! il ne dormait pas. De derrière, je voyais ses
grosses épaules frissonner ; et sa main, — une longue
main blafarde et bête, — trembler sur le dos de la
banquette, comme une main de vieux. Il pleurait...

— Vous voilà chez vous, Parisien ! me cria tout à
coup le conducteur ; et du bout de son fouet il me
montrait ma colline verte avec le moulin piqué dessus
comme un gros papillon.

Je m'empressai de descendre... En passant près du
rémouleur, j'essayai de regarder sous sa casquette ;
j'aurais voulu le voir avant de partir. Comme s'il avait
compris ma pensée, le malheureux leva brusquement
la tête, et, plantant son regard dans le mien :

— Regardez-moi bien, l'ami, me dit-il d'une voix

sourde, et si un de ces jours vous apprenez qu'il y a eu un malheur à Beaucaire, vous pourrez dire que vous connaissez celui qui a fait le coup.

C'était une figure éteinte et triste, avec de petits yeux fanés. Il y avait des larmes dans ces yeux, mais dans cette voix il y avait de la haine. La haine, c'est la colère des faibles!... Si j'étais la rémouleuse, je me méfierais.

LE SECRET DE MAITRE CORNILLE

Francet Mamaï, un vieux joueur de fifre, qui vient de temps en temps faire la veillée chez moi, en buvant du vin cuit, m'a raconté l'autre soir un petit drame de village dont mon moulin a été témoin il y a quelque vingt ans. Le récit du bonhomme m'a touché, et je vais essayer de vous le redire tel que je l'ai entendu.

Imaginez-vous pour un moment, chers lecteurs, que vous êtes assis devant un pot de vin tout parfumé, et que c'est un vieux joueur de fifre qui vous parle.

Notre pays, mon bon monsieur, n'a pas toujours été un endroit mort et sans renom, comme il est aujourd'hui. Autre temps, il s'y faisait un grand commerce de meunerie, et, dix lieues à la ronde, les gens des *mas* nous apportaient leur blé à moudre... Tout autour du village, les collines étaient couvertes de moulins à vent. De droite et de gauche on ne voyait que des ailes qui viraient au mistral par-dessus les pins, des ribambelles de petits ânes chargés de sacs, montant et dévalant le long des chemins; et toute la semaine c'était plaisir d'entendre sur la hauteur le bruit des fouets, le craquement de la toile et le *Dia hue!* des aides-meuniers... Le dimanche nous allions aux moulins, par bandes. Là-haut, les meuniers payaient le muscat. Les meunières étaient belles comme des reines, avec leurs fichus de dentelles et leurs croix d'or. Moi, j'apportais mon fifre, et jusqu'à la noire nuit on dansait des farandoles. Ces

moulins-là, voyez-vous, faisaient la joie et la richesse
de notre pays.

Malheureusement, des Français de Paris eurent
l'idée d'établir une minoterie à vapeur, sur la route de
Tarascon. Tout beau, tout nouveau! Les gens prirent
l'habitude d'envoyer leurs blés aux minotiers, et les
pauvres moulins à vent restèrent sans ouvrage. Pendant quelque temps ils essayèrent de lutter, mais la
vapeur fut la plus forte, et l'un après l'autre, *pécaïre!* ils
furent tous obligés de fermer... On ne vit plus venir les
petits ânes... Les belles meunières vendirent leurs croix
d'or... Plus de muscat! plus de farandole!... Le mistral
avait beau souffler, les ailes restaient immobiles... Puis,
un beau jour, la commune fit jeter toutes ces masures
à bas, et l'on sema à leur place de la vigne et des oliviers.

Pourtant, au milieu de la débâcle, un moulin avait
tenu bon et continuait de virer courageusement sur sa
butte, à la barbe des minotiers. C'était le moulin de
maître Cornille, celui-là même où nous sommes en
train de faire la veillée en ce moment.

Maître Cornille était un vieux meunier, vivant depuis
soixante ans dans la farine et enragé pour son état.
L'installation des minoteries l'avait rendu comme fou.
Pendant huit jours, on le vit courir par le village, ameu-
tant le monde autour de lui et criant de toutes ses
forces qu'on voulait empoisonner la Provence avec la
farine des minotiers. « N'allez pas là-bas, disait-il;
ces brigands-là, pour faire le pain, se servent de la
vapeur, qui est une invention du diable, tandis que moi
je travaille avec le mistral et la tramontane, qui sont la
respiration du bon Dieu... » Et il trouvait comme cela
une foule de belles paroles à la louange des moulins
à vent, mais personne ne les écoutait.

Alors, de male rage, le vieux s'enferma dans son moulin et vécut tout seul comme une bête farouche. Il ne

voulut pas même garder près de lui sa petite-fille Vivette, une enfant de quinze ans, qui, depuis la mort de ses parents, n'avait plus que son *grand* au monde. La pauvre petite fut obligée de gagner sa vie et de se louer un peu partout dans les *mas*, pour la moisson, les magnans ou les olivades. Et pourtant son grand-père avait l'air de bien l'aimer, cette enfant-là. Il lui arrivait souvent de faire ses quatre lieues à pied par le grand soleil pour aller la voir au *mas* où elle travaillait, et quand il était près d'elle, il passait des heures entières à la regarder en pleurant...

Dans le pays on pensait que le vieux meunier, en renvoyant Vivette avait agi par avarice; et cela ne lui faisait pas honneur de laisser sa petite-fille ainsi traîner d'une ferme à l'autre, exposée aux brutalités des *baïles* et à toutes les misères des jeunesses en condition. On trouvait très mal aussi qu'un homme du renom de maître Cornille, et qui, jusque-là, s'était respecté, s'en allât maintenant par les rues comme un vrai bohémien, pieds nus, le bonnet troué, la taillole en lambeaux... Le fait est que le dimanche, lorsque nous le voyions entrer à la messe, nous avions honte pour lui, nous autres les vieux; et Cornille le sentait si bien qu'il n'osait plus venir s'asseoir sur le banc d'œuvre. Toujours il restait au fond de l'église, près du bénitier, avec les pauvres.

Dans la vie de maître Cornille il y avait quelque chose qui n'était pas clair. Depuis longtemps personne, au village, ne lui portait plus de blé, et pourtant les ailes de son moulin allaient toujours leur train comme devant... Le soir, on rencontrait par les chemins le vieux meunier poussant devant lui son âne chargé de gros sacs de farine.

— Bonnes vêpres, maître Cornille! lui criaient les paysans; ça va donc toujours, la meunerie.

— Toujours, mes enfants, répondait le vieux d'un air gaillard. Dieu merci, ce n'est pas l'ouvrage qui nous manque.

Alors, si on lui demandait d'où diable pouvait venir tant d'ouvrage, il se mettait un doigt sur les lèvres et répondait gravement : « *Motus!* je travaille pour l'exportation... » Jamais on n'en put tirer davantage.

Quant à mettre le nez dans son moulin, il n'y fallait pas songer. La petite Vivette elle-même n'y entrait pas...

Lorsqu'on passait devant, on voyait la porte toujours fermée, les grosses ailes toujours en mouvement, le vieil âne broutant le gazon de la plate-forme, et un grand chat maigre qui prenait le soleil sur le rebord de la fenêtre et vous regardait d'un air méchant.

Tout cela sentait le mystère et faisait beaucoup jaser le monde. Chacun expliquait à sa façon le secret de maître Cornille, mais le bruit général était qu'il y avait dans ce moulin-là encore plus de sacs d'écus que de sacs de farine.

A la longue pourtant tout se découvrit; voici comment :

En faisant danser la jeunesse avec mon fifre, je m'aperçus un beau jour que l'aîné de mes garçons et la petite Vivette s'étaient rendus amoureux l'un de l'autre. Au fond je n'en fus pas fâché, parce qu'après tout le nom de Cornille était en honneur chez nous, et puis ce joli petit passereau de Vivette m'aurait fait plaisir à voir trotter dans ma maison. Seulement, comme nos amoureux avaient souvent occasion d'être ensemble, je voulus, de peur d'accidents, régler l'affaire tout de suite, et je montai jusqu'au moulin pour en toucher deux mots au grand-père... Ah! le vieux sorcier! il faut voir de quelle manière il me reçut! Impossible de lui faire ouvrir sa porte. Je lui expliquai mes raisons tant bien que mal, à travers le trou de la serrure; et tout le temps que je parlais, il y avait ce coquin de chat maigre qui soufflait comme un diable au-dessus de ma tête.

Le vieux ne me donna pas le temps de finir, et me

cria fort malhonnêtement de retourner à ma flûte ; que, si j'étais pressé de marier mon garçon, je pouvais bien aller chercher des filles à la minoterie... Pensez que le sang me montait d'entendre ces mauvaises paroles ; mais j'eus tout de même assez de sagesse pour me contenir, et, laissant ce vieux fou à sa meule, je revins annoncer aux enfants ma déconvenue... Ces pauvres agneaux ne pouvaient pas y croire ; ils me demandèrent comme une grâce de monter tous deux ensemble au moulin, pour parler au grand-père... Je n'eus pas le courage de refuser, et prrrt ! voilà mes amoureux partis.

Tout juste comme ils arrivaient là-haut, maître Cornille venait de sortir. La porte était fermée à double tour ; mais le vieux bonhomme, en partant, avait laissé son échelle dehors, et tout de suite l'idée vint aux enfants d'entrer par la fenêtre, voir un peu ce qu'il y avait dans ce fameux moulin...

Chose singulière ! la chambre de la meule était vide... Pas un sac, pas un grain de blé ; pas la moindre farine aux murs ni sur les toiles d'araignée... On ne sentait pas même cette bonne odeur chaude de froment écrasé qui embaume dans les moulins... L'arbre de couche était couvert de poussière, et le grand chat maigre dormait dessus :

La pièce du bas avait le même air de misère et d'abandon : — un mauvais lit, quelques guenilles, un morceau de pain sur une marche d'escalier, et puis dans un coin trois ou quatre sacs crevés d'où coulaient des gravats et de la terre blanche.

C'était là le secret de maître Cornille ! C'était ce plâtras qu'il promenait le soir par les routes, pour sauver l'honneur du moulin et faire croire qu'on y faisait de la farine... Pauvre moulin ! Pauvre Cornille ! Depuis longtemps les minotiers leur avaient enlevé leur dernière pratique. Les ailes viraient toujours, mais la meule tournait à vide.

Les enfants revinrent tout en larmes, me conter ce

qu'ils avaient vu. J'eus le cœur crevé de les entendre...
Sans perdre une minute, je courus chez les voisins, je
leur dis la chose en deux mots, et nous convînmes qu'il
fallait, sur l'heure, porter au moulin Cornille tout ce
qu'il y avait de froment dans les maisons... Sitôt dit,
sitôt fait. Tout le village se met en route, et nous
arrivons là-haut avec une procession d'ânes chargés de
blé, — du vrai blé, celui-là!

Le moulin était grand ouvert... Devant la porte,
maître Cornille, assis sur un sac de plâtre, pleurait, la
tête dans ses mains. Il venait de s'apercevoir, en rentrant, que pendant son absence on avait pénétré chez lui
et surpris son triste secret.

— Pauvre de moi! disait-il. Maintenant, je n'ai plus
qu'à mourir... Le moulin est déshonoré.

Et il sanglotait à fendre l'âme, appelant son moulin
par toutes sortes de noms, lui parlant comme à une
personne véritable.

A ce moment, les ânes arrivent sur la plate-forme, et
nous nous mettons tous à crier bien fort comme au beau
temps des meuniers :

— Ohé! du moulin!... Ohé! maître Cornille!

Et voilà les sacs qui s'entassent devant la porte et le
beau grain roux qui se répand par terre, de tous côtés...

Maître Cornille ouvrait de grands yeux. Il avait pris
du blé dans le creux de sa vieille main et il disait, riant
et pleurant à la fois :

— C'est du blé!... Seigneur Dieu!... Du bon blé!...
Laissez-moi, que je le regarde.

Puis, se tournant vers nous :

— Ah! je savais bien que vous me reviendriez...
Tous ces minotiers sont des voleurs.

Nous voulions l'emporter en triomphe au village :

— Non, non, mes enfants; il faut avant tout que
j'aille donner à manger à mon moulin... Pensez donc!
il y a si longtemps qu'il ne s'est rien mis sous la dent!

Et nous avions tous des larmes dans les yeux de voir

le pauvre vieux se démener de droite et de gauche, éventrant les sacs, surveillant la meule tandis que le grain s'écrasait et que la fine poussière de froment s'envolait au plafond.

C'est une justice à nous rendre : à partir de ce jour-là, jamais nous ne laissâmes le vieux meunier manquer d'ouvrage. Puis, un matin, maître Cornille mourut, et les ailes de notre dernier moulin cessèrent de virer, pour toujours cette fois... Cornille mort, personne ne prit sa suite. Que voulez-vous, monsieur!... tout a une fin en ce monde, et il faut croire que le temps des moulins à vent était passé comme celui des coches sur le Rhône, des parlements et des jaquettes à grandes fleurs.

LA CHÈVRE DE M. SEGUIN

A. M. Pierre Gringoire, poète lyrique à Paris

Tu seras bien toujours le même, mon pauvre Gringoire!

Comment! on t'offre une place de chroniqueur dans un bon journal de Paris, et tu as l'aplomb de refuser... Mais regarde-toi, malheureux garçon! Regarde ce pourpoint troué, ces chausses en déroute, cette face maigre qui crie la faim. Voilà pourtant où t'a conduit la passion des belles rimes! Voilà ce que t'ont valu dix ans de loyaux services dans les pages du sire Apollo... Est-ce que tu n'as pas honte, à la fin ?

Fais-toi donc chroniqueur, imbécile! fais-toi chroniqueur! Tu gagneras de beaux écus à la rose, tu auras ton couvert chez Brébant, et tu pourras te montrer les jours de première avec une plume neuve à ta barrette.

Non ? Tu ne veux pas ?... Tu prétends rester libre à ta guise jusqu'au bout... Eh bien, écoute un peu l'histoire de *la chèvre de M. Seguin.* Tu verras ce que l'on gagne à vouloir vivre libre.

M. Seguin n'avait jamais eu de bonheur avec ses chèvres.

Il les perdait toutes de la même façon : un beau matin, elles cassaient leur corde, s'en allaient dans la

montagne, et là-haut le loup les mangeait. Ni les caresses
de leur maître, ni la peur du loup, rien ne les retenait.
C'était, paraît-il, des chèvres indépendantes, voulant à
tout prix le grand air et la liberté.

Le brave M. Seguin, qui ne comprenait rien au caractère de ses bêtes, était consterné. Il disait :

— C'est fini; les chèvres s'ennuient chez moi, je n'en
garderai pas une.

Cependant il ne se découragea pas, et, après avoir
perdu six chèvres de la même manière, il en acheta une
septième; seulement, cette fois, il eut soin de la prendre
toute jeune, pour qu'elle s'habituât mieux à demeurer
chez lui.

Ah! Gringoire, qu'elle était jolie la petite chèvre de
M. Seguin! qu'elle était jolie avec ses yeux doux, sa
barbiche de sous-officier, ses sabots noirs et luisants,
ses cornes zébrées et ses longs poils blancs qui lui
faisaient une houppelande! C'était presque aussi charmant que le cabri d'Esméralda, tu te rappelles, Gringoire ? — et puis, docile, caressante, se laissant traire
sans bouger, sans mettre son pied dans l'écuelle. Un
amour de petite chèvre...

M. Seguin avait derrière sa maison un clos entouré
d'aubépines. C'est là qu'il mit sa nouvelle pensionnaire.
Il l'attacha à un pieu, au plus bel endroit du pré, en
ayant soin de lui laisser beaucoup de corde, et de temps
en temps, il venait voir si elle était bien. La chèvre se
trouvait très heureuse et broutait l'herbe de si bon cœur
que M. Seguin était ravi.

— Enfin, pensait le pauvre homme, en voilà une qui
ne s'ennuiera pas chez moi!

M. Seguin se trompait, sa chèvre s'ennuya.

Un jour, elle se dit en regardant la montagne :

— Comme on doit être bien là-haut! Quel plaisir de
gambader dans la bruyère, sans cette maudite longe qui
vous écorche le cou!... C'est bon pour l'âne ou pour le

bœuf de brouter dans un clos!... Les chèvres, il leur faut du large.

A partir de ce moment, l'herbe du clos lui parut fade. L'ennui lui vint. Elle maigrit, son lait se fit rare. C'était pitié de la voir tirer tout le jour sur sa longe, la tête tournée du côté de la montagne, la narine ouverte, en faisant *Mê!*... tristement.

M. Seguin s'apercevait bien que sa chèvre avait quelque chose, mais il ne savait pas ce que c'était... Un matin, comme il achevait de la traire, la chèvre se retourna et lui dit dans son patois :

— Ecoutez, monsieur Seguin, je me languis chez vous, laissez-moi aller dans la montagne.

— Ah! mon Dieu!... Elle aussi! cria M. Seguin stupéfait, et du coup il laissa tomber son écuelle; puis, s'asseyant dans l'herbe à côté de sa chèvre :

— Comment Blanquette, tu veux me quitter!

Et Blanquette répondit :

— Oui, monsieur Seguin.

— Est-ce que l'herbe te manque ici ?

— Oh! non! monsieur Seguin.

— Tu es peut-être attachée de trop court; veux-tu que j'allonge la corde!

— Ce n'est pas la peine, monsieur Seguin.

— Alors, qu'est-ce qu'il te faut! qu'est-ce que tu veux ?

— Je veux aller dans la montagne, monsieur Seguin.

— Mais, malheureuse, tu ne sais pas qu'il y a le loup dans la montagne... Que feras-tu quand il viendra ?...

— Je lui donnerai des coups de corne, monsieur Seguin.

— Le loup se moque bien de tes cornes. Il m'a mangé des biques autrement encornées que toi... Tu sais bien, la pauvre vieille Renaude qui était ici l'an dernier ? une maîtresse chèvre, forte et méchante comme un bouc. Elle s'est battue avec le loup toute la nuit... puis, le matin, le loup l'a mangée.

— Pécaïre! Pauvre Renaude!... Ça ne fait rien, monsieur Seguin, laissez-moi aller dans la montagne.

— Bonté divine!... dit M. Seguin; mais qu'est-ce qu'on leur fait donc à mes chèvres ? Encore une que le loup va me manger... Eh bien, non... je te sauverai malgré toi, coquine! et de peur que tu ne rompes ta corde, je vais t'enfermer dans l'étable, et tu y resteras toujours.

Là-dessus, M. Seguin emporta la chèvre dans une étable toute noire, dont il ferma la porte à double tour. Malheureusement, il avait oublié la fenêtre, et à peine eut-il le dos tourné, que la petite s'en alla...

Tu ris, Gringoire? Parbleu! je crois bien; tu es du parti des chèvres, toi, contre ce bon M. Seguin... Nous allons voir si tu riras tout à l'heure.

Quand la chèvre blanche arriva dans la montagne, ce fut un ravissement général. Jamais les vieux sapins n'avaient rien vu d'aussi joli. On la reçut comme une petite reine. Les châtaigniers se baissaient jusqu'à terre pour la caresser du bout de leurs branches. Les genêts d'or s'ouvraient sur son passage, et sentaient bon tant qu'ils pouvaient. Toute la montagne lui fit fête.

Tu penses, Gringoire, si notre chèvre était heureuse! Plus de corde, plus de pieu... rien qui l'empêchât de gambader, de brouter à sa guise... C'est là qu'il y en avait de l'herbe! jusque par-dessus les cornes, mon cher!... Et quelle herbe! Savoureuse, fine, dentelée, faite de mille plantes... C'était bien autre chose que le gazon du clos. Et les fleurs donc!... De grandes campanules bleues, des digitales de pourpre à longs calices, toute une forêt de fleurs sauvages débordant de sucs capiteux!...

La chèvre blanche, à moitié soûle, se vautrait là-dedans les jambes en l'air et roulait le long des talus, pêle-mêle avec les feuilles tombées et les châtaignes... Puis, tout à coup elle se redressait d'un bond sur ses pattes. Hop! la voilà partie, la tête en avant, à travers

les maquis et les buissières, tantôt sur un pic, tantôt
au fond d'un ravin, là-haut, en bas, partout... On aurait
dit qu'il y avait dix chèvres de M. Seguin dans la
montagne.

C'est qu'elle n'avait peur de rien la Blanquette.

Elle franchissait d'un saut de grands torrents qui
l'éclaboussaient au passage de poussière humide et
d'écume. Alors, toute ruisselante, elle allait s'étendre
sur quelque roche plate et se faisait sécher par le soleil...
Une fois, s'avançant au bord d'un plateau, une fleur de
cytise aux dents, elle aperçut en bas, tout en bas dans
la plaine, la maison de M. Seguin avec le clos derrière.
Cela la fit rire aux larmes.

— Que c'est petit! dit-elle; comment ai-je pu tenir
là-dedans ?

Pauvrette! de se voir si haut perchée, elle se croyait
au moins aussi grande que le monde...

En somme, ce fut une bonne journée pour la chèvre
de M. Seguin. Vers le milieu du jour, en courant de
droite et de gauche, elle tomba dans une troupe de
chamois en train de croquer une lambrusque à belles
dents. Notre petite coureuse en robe blanche fit sensation. On lui donna la meilleure place à la lambrusque, et
tous ces messieurs furent très galants... Il paraît même,
— ceci doit rester entre nous, Gringoire, — qu'un jeune
chamois à pelage noir, eut la bonne fortune de plaire à
Blanquette. Les deux amoureux s'égarèrent parmi le
bois une heure ou deux, et si tu veux savoir ce qu'ils se
dirent, va le demander aux sources bavardes qui
courent invisibles dans la mousse.

Tout à coup le vent fraîchit. La montagne devint
violette; c'était le soir...

— Déjà! dit la petite chèvre; et elle s'arrêta fort
étonnée.

En bas, les champs étaient noyés de brume. Le clos
de M. Seguin disparaissait dans le brouillard, et de la

maisonnette on ne voyait plus que le toit avec un peu de
fumée. Elle écouta les clochettes d'un troupeau qu'on
ramenait, et se sentit l'âme toute triste... Un gerfaut, qui
rentrait, la frôla de ses ailes en passant. Elle tressaillit...
puis ce fut un hurlement dans la montagne :

— Hou! hou!

Elle pensa au loup; de tout le jour la folle n'y avait
pas pensé... Au même moment une trompe sonna bien
loin dans la vallée. C'était ce bon M. Seguin qui tentait
un dernier effort.

— Hou! hou!... faisait le loup.

— Reviens! reviens!... criait la trompe.

Blanquette eut envie de revenir; mais en se rappelant
le pieu, la corde, la haie du clos, elle pensa que maintenant elle ne pouvait plus se faire à cette vie, et qu'il
valait mieux rester.

La trompe ne sonnait plus...

La chèvre entendit derrière elle un bruit de feuilles.
Elle se retourna et vit dans l'ombre deux oreilles courtes,
toutes droites, avec deux yeux qui reluisaient... C'était
le loup.

Enorme, immobile, assis sur son train de derrière, il
était là regardant la petite chèvre blanche et la dégustant
par avance. Comme il savait bien qu'il la mangerait, le
loup ne se pressait pas; seulement, quand elle se
retourna, il se mit à rire méchamment.

— Ha! ha! la petite chèvre de M. Seguin! et il passa
sa grosse langue rouge sur ses babines d'amadou.

Blanquette se sentit perdue... Un moment en se rappelant l'histoire de la vieille Renaude, qui s'était battue
toute la nuit pour être mangée le matin, elle se dit qu'il
vaudrait peut-être mieux se laisser manger tout de
suite; puis, s'étant ravisée, elle tomba en garde, la tête
basse et la corne en avant, comme une brave chèvre de
M. Seguin qu'elle était... Non pas qu'elle eût l'espoir
de tuer le loup, — les chèvres ne tuent pas le loup, —

mais seulement pour voir si elle pourrait tenir aussi longtemps que la Renaude...

Alors le monstre s'avança, et les petites cornes entrèrent en danse.

Ah! la brave chevrette, comme elle y allait de bon cœur! Plus de dix fois, je ne mens pas, Gringoire, elle força le loup à reculer pour reprendre haleine. Pendant ces trêves d'une minute, la gourmande cueillait en hâte encore un brin de sa chère herbe; puis elle retournait au combat, la bouche pleine... Cela dura toute la nuit. De temps en temps la chèvre de M. Seguin regardait les étoiles danser dans le ciel clair, et elle se disait :

— Oh! pourvu que je tienne jusqu'à l'aube...

L'une après l'autre, les étoiles s'éteignirent. Blanquette redoubla de coups de cornes, le loup de coups de dents... Une lueur pâle parut dans l'horizon... Le chant d'un coq enroué monta d'une métairie.

— Enfin! dit la pauvre bête, qui n'attendait plus que le jour pour mourir; et elle s'allongea par terre dans sa belle fourrure blanche toute tachée de sang...

Alors le loup se jeta sur la petite chèvre et la mangea.

Adieu, Gringoire!

L'histoire que tu as entendue n'est pas un conte de mon invention. Si jamais tu viens en Provence, nos ménagers te parleront souvent de la *cabro de moussu Seguin, que se battégue touto la neui emé lou loup, e piei lou matin lou loup la mangé* [1].

Tu m'entends bien, Gringoire :
E piei lou matin lou loup la mangé

1. La chèvre de monsieur Seguin, qui se battit toute la nuit avec le loup, et puis, le matin, le loup la mangea.

LES ÉTOILES

Du temps que je gardais les bêtes sur le Luberon, je restais des semaines entières sans voir âme qui vive, seul dans le pâturage avec mon chien Labri et mes ouailles. De temps en temps, l'ermite du Mont-de-l'Ure passait par-là pour chercher des simples ou bien j'apercevais la face noire de quelque charbonnier du Piémont ; mais c'étaient des gens naïfs, silencieux à force de solitude, ayant perdu le goût de parler et ne sachant rien de ce qui se disait en bas dans les villages et les villes. Aussi, tous les quinze jours, lorsque j'entendais, sur le chemin qui monte, les sonnailles du mulet de notre ferme m'apportant les provisions de quinzaine, et que je voyais apparaître peu à peu, au-dessus de la côte, la tête éveillée du petit *miarro* (garçon de ferme), ou la coiffe rousse de la vieille tante Norade, j'étais vraiment bien heureux. Je me faisais raconter les nouvelles du pays d'en bas, les baptêmes, les mariages ; mais ce qui m'intéressait surtout, c'était de savoir ce que devenait la fille de mes maîtres, notre demoiselle Stéphanette, la plus jolie qu'il y eût à dix lieues à la ronde. Sans avoir l'air d'y prendre trop d'intérêt, je m'informais si elle allait beaucoup aux fêtes, aux veillées, s'il lui venait toujours de nouveaux galants ; et à ceux qui me demanderont ce que ces choses-là pouvaient me faire, à moi pauvre berger de la montagne, je répondrai que j'avais vingt ans et que cette Stéphanette était ce que j'avais vu de plus beau dans ma vie.

Or, un dimanche que j'attendais les vivres de quinzaine, il se trouva qu'ils n'arrivèrent que très tard. Le matin je me disais : « C'est la faute de la grand-messe » ; puis, vers midi, il vint un gros orage, et je pensai que la mule n'avait pas pu se mettre en route à cause du mauvais état des chemins. Enfin, sur les trois heures, le ciel étant lavé, la montagne luisante d'eau et de soleil, j'entendis parmi l'égouttement des feuilles et le débordement des ruisseaux gonflés les sonnailles de la mule, aussi gaies, aussi alertes qu'un grand carillon de cloches un jour de Pâques. Mais ce n'était pas le petit *miarro*, ni la vieille Norade qui la conduisait. C'était... devinez qui !... notre demoiselle, mes enfants ! notre demoiselle en personne, assise droite entre les sacs d'osier, toute rose de l'air des montagnes et du rafraîchissement de l'orage.

Le petit était malade, tante Norade en vacances chez ses enfants. La belle Stéphanette m'apprit tout ça, en descendant de sa mule, et aussi qu'elle arrivait tard parce qu'elle s'était perdue en route ; mais à la voir si bien endimanchée, avec son ruban à fleurs, sa jupe brillante et ses dentelles, elle avait plutôt l'air de s'être attardée à quelque danse que d'avoir cherché son chemin dans les buissons. O la mignonne créature ! Mes yeux ne pouvaient se lasser de la regarder. Il est vrai que je ne l'avais jamais vue de si près. Quelquefois l'hiver, quand les troupeaux étaient descendus dans la plaine et que je rentrais le soir à la ferme pour souper, elle traversait la salle vivement, sans guère parler aux serviteurs, toujours parée et un peu fière... Et maintenant je l'avais là devant moi, rien que pour moi ; n'était-ce pas à en perdre la tête ?

Quand elle eut tiré les provisions du panier, Stéphanette se mit à regarder curieusement autour d'elle. Relevant un peu sa belle jupe du dimanche qui aurait

pu s'abîmer, elle entra dans le *parc*, voulut voir le coin
où je couchais, le crèche de paille avec la peau de mouton, ma grande cape accrochée au mur, ma crosse, mon
fusil à pierre. Tout cela l'amusait.

— Alors c'est ici que tu vis, mon pauvre berger ?
Comme tu dois t'ennuyer d'être toujours seul! Qu'est-
ce que tu fais ? A quoi penses-tu ?...

J'avais envie de répondre : « A vous, maîtresse », et
je n'aurais pas menti; mais mon trouble était si grand
que je ne pouvais pas seulement trouver une parole. Je
crois bien qu'elle s'en apercevait, et que la méchante
prenait plaisir à redoubler mon embarras avec ses
malices :

— Et ta bonne amie, berger, est-ce qu'elle monte te
voir quelquefois ?... Ça doit être bien sûr la chèvre d'or,
ou cette fée Estérelle qui ne court qu'à la pointe des
montagnes...

Et elle-même, en me parlant, avait bien l'air de la fée
Estérelle, avec le joli rire de sa tête renversée et sa hâte
de s'en aller qui faisait de sa visite une apparition.

— Adieu, berger.

— Salut, maîtresse.

Et la voilà partie, emportant ses corbeilles vides.

Lorsqu'elle disparut dans le sentier en pente, il me
semblait que les cailloux, roulant sous les sabots de la
mule, me tombaient un à un sur le cœur. Je les entendis
longtemps, longtemps; et jusqu'à la fin du jour je restai
comme ensommeillé, n'osant bouger, de peur de faire
en aller mon rêve. Vers le soir, comme le fond des
vallées commençait à devenir bleu et que les bêtes se
serraient en bêlant l'une contre l'autre pour rentrer au
parc, j'entendis qu'on m'appelait dans la descente, et
je vis paraître notre demoiselle, non plus rieuse ainsi
que tout à l'heure, mais tremblante de froid, de peur,
de mouillure. Il paraît qu'au bas de la côte elle avait
trouvé la Sorgue grossie par la pluie d'orage, et
qu'en voulant passer à toute force elle avait risqué de

se noyer. Le terrible, c'est qu'à cette heure de nuit il
ne fallait plus songer à retourner à la ferme; car le
chemin par la traverse, notre demoiselle n'aurait
jamais su s'y retrouver toute seule, et moi je ne pouvais
pas quitter le troupeau. Cette idée de passer la nuit sur
la montagne la tourmentait beaucoup, surtout à cause
de l'inquiétude des siens. Mois, je la rassurais de mon
mieux :

— En juillet, les nuits sont courtes, maîtresse... Ce
n'est qu'un mauvais moment.

Et j'allumai vite un grand feu pour sécher ses pieds
et sa robe toute trempée de l'eau de la Sorgue. Ensuite
j'apportai devant elle du lait, des fromageons; mais la
pauvre petite ne songeait ni à se chauffer, ni à manger,
et de voir les grosses larmes qui montaient dans ses
yeux, j'avais envie de pleurer, moi aussi.

Cependant la nuit était venue tout à fait. Il ne restait
plus sur la crête des montagnes qu'une poussière de
soleil, une vapeur de lumière du côté du couchant. Je
voulus que notre demoiselle entrât se reposer dans le
parc. Ayant étendu sur la paille fraîche une belle peau
toute neuve, je lui souhaitai la bonne nuit, et j'allai
m'asseoir dehors devant la porte... Dieu m'est témoin
que, malgré le feu d'amour qui me brûlait le sang,
aucune mauvaise pensée ne me vint; rien qu'une grande
fierté de songer que dans un coin du *parc* tout près du
troupeau curieux qui la regardait dormir, la fille de mes
maîtres, — comme une brebis plus précieuse et plus
blanche que toutes les autres, — reposait, confiée à ma
garde. Jamais le ciel ne m'avait paru si profond, les
étoiles si brillantes... Tout à coup, la claire-voie du
parc s'ouvrit et la belle Stéphanette parut. Elle ne
pouvait pas dormir. Les bêtes faisaient crier la paille
en remuant, ou bêlaient dans leurs rêves. Elle aimait
mieux venir près du feu. Voyant cela, je lui jetai ma
peau de bique sur les épaules, j'activai la flamme, et
nous restâmes assis l'un près de l'autre sans parler. Si

vous avez jamais passé la nuit à la belle étoile, vous
savez qu'à l'heure où nous dormons, un monde mystérieux s'éveille dans la solitude et le silence. Alors
les sources chantent bien plus clair, les étangs allument
des petites flammes. Tous les esprits de la montagne
vont et viennent librement; et il y a dans l'air des frô-
lements, des bruits imperceptibles, comme si l'on
entendait les branches grandir, l'herbe pousser. Le
jour, c'est la vie des êtres; mais la nuit, c'est la vie des
choses. Quand on n'en a pas l'habitude, ça fait peur...
Aussi notre demoiselle était toute frissonnante et se
serrait contre moi au moindre bruit. Une fois, un cri
long, mélancolique, parti de l'étang qui luisait plus
bas, monta vers nous en ondulant. Au même instant
une belle étoile filante glissa par-dessus nos têtes dans
la même direction, comme si cette plainte que nous
venions d'entendre portait une lumière avec elle.

— Qu'est-ce que c'est ? me demanda Stéphanette à
voix basse.

— Une âme qui entre en paradis, maîtresse; et je fis
le signe de la croix.

Elle se signa aussi, et resta un moment la tête en
l'air, très recueillie. Puis elle me dit :

— C'est donc vrai, berger, que vous êtes sorciers,
vous autres ?

— Nullement, notre demoiselle. Mais ici nous vivons
plus près des étoiles, et nous savons ce qui s'y passe
mieux que des gens de la plaine.

Elle regardait toujours en haut, la tête appuyée dans
la main, entourée de la peau de mouton comme un
petit pâtre céleste :

— Qu'il y en a! Que c'est beau! Jamais je n'en avais
tant vu... Est-ce que tu sais leurs noms, berger ?

— Mais oui, maîtresse... Tenez! juste au-dessus de
nous, voilà le *Chemin de saint Jacques* (la voie lactée). Il
va de France droit sur l'Espagne. C'est saint Jacques de
Galice qui l'a tracé pour montrer sa route au brave

Charlemagne lorsqu'il faisait la guerre aux Sarrasins [1].
Plus loin, vous avez le *Char des âmes* (la grande Ourse)
avec ses quatre essieux resplendissants. Les trois étoiles
qui vont devant sont les *Trois bêtes*, et cette toute petite
contre la troisième c'est le *Charretier*. Voyez-vous tout
autour cette pluie d'étoiles qui tombent ? ce sont les
âmes dont le bon Dieu ne veut pas chez lui... Un peu
plus bas, voici le *Râteau* ou les *Trois rois* (Orion). C'est
ce qui nous sert d'horloge, à nous autres. Rien qu'en les
regardant, je sais maintenant qu'il est minuit passé. Un
peu plus bas, toujours vers le midi, brille *Jean de Milan*,
le flambeau des astres (Sirius). Sur cette étoile-là, voici
ce que les bergers racontent. Il paraît qu'une nuit
Jean de Milan, avec les *Trois rois* et la *Poussinière* (la
Pléiade), furent invités à la noce d'une étoile de leurs
amies. La *Poussinière*, plus pressée, partit, dit-on, la
première, et prit le chemin haut. Regardez-la, là-haut,
tout au fond du ciel. Les *Trois rois* coupèrent plus bas
et la rattrapèrent ; mais ce paresseux de *Jean de Milan*,
qui avait dormi trop tard, resta tout à fait derrière, et
furieux, pour les arrêter, leur jeta son bâton. C'est pourquoi les *Trois rois* s'appellent aussi le *Bâton de Jean de
Milan*... Mais la plus belle de toutes les étoiles, maîtresse, c'est la nôtre, c'est l'*Etoile du berger*, qui nous
éclaire à l'aube quand nous sortons le troupeau, et
aussi le soir quand nous le rentrons. Nous la nommons
encore *Maguelonne*, la belle Maguelonne qui court
après *Pierre de Provence* (Saturne) et se marie avec lui
tous les sept ans.

— Comment ! berger, il y a donc des mariages
d'étoiles ?

— Mais oui, maîtresse.

Et comme j'essayais de lui expliquer ce que c'était
que ces mariages, je sentis quelque chose de frais et de

---

1. Tous ces détails d'astronomie populaire sont traduits de
l'*Almanach provençal* qui se publie en Avignon.

fin peser légèrement sur mon épaule. C'était sa tête
alourdie de sommeil qui s'appuyait contre moi avec
un joli froissement de rubans, de dentelles et de cheveux ondés. Elle resta ainsi sans bouger jusqu'au
moment où les astres du ciel pâlirent, effacés par le
jour qui montait. Moi, je la regardais dormir, un peu
troublé au fond de mon être, mais saintement protégé
par cette claire nuit qui ne m'a jamais donné que de
belles pensées. Autour de nous, les étoiles continuaient
leur marche silencieuse, dociles comme un grand troupeau; et par moments je me figurais qu'une de ces
étoiles, la plus fine, la plus brillante, ayant perdu sa
route, était venue se poser sur mon épaule pour dormir...

L'ARLÉSIENNE

Pour aller au village, en descendant de mon moulin, on passe devant un *mas* bâti près de la route au fond d'une grande cour plantée de micocouliers. C'est la vraie maison du *ménager* de Provence, avec ses tuiles rouges, sa large façade brune irrégulièrement percée, puis tout en haut la girouette du grenier, la poulie pour hisser les meules, et quelques touffes de foin brun qui dépassent...

Pourquoi cette maison m'avait-elle frappé ? Pourquoi ce portail fermé me serrait-il le cœur ? Je n'aurais pas pu le dire, et pourtant ce logis me faisait froid. Il y avait trop de silence autour... Quand on passait, les chiens n'aboyaient pas, les pintades s'enfuyaient sans crier... A l'intérieur, pas une voix ! Rien, pas même un grelot de mule... Sans les rideaux blancs des fenêtres et la fumée qui montait des toits, on aurait cru l'endroit inhabité.

Hier, sur le coup de midi, je revenais du village, et, pour éviter le soleil, je longeais les murs de la ferme, dans l'ombre des micocouliers... Sur la route, devant le *mas*, des valets silencieux achevaient de charger une charrette de foin... Le portail était resté ouvert. Je jetai un regard en passant, et je vis, au fond de la cour, accoudé, — la tête dans ses mains, — sur une large table de pierre, un grand vieux tout blanc, avec une veste trop courte et des culottes en lambeaux... Je m'arrêtai. Un des hommes me dit tout bas :

— Chut! c'est le maître... Il est comme ça depuis le malheur de son fils.

A ce moment une femme et un petit garçon, vêtus de noir, passèrent près de nous avec de gros paroissiens dorés, et entrèrent à la ferme.

L'homme ajouta :

— ... La maîtresse et Cadet qui reviennent de la messe. Ils y vont tous les jours, depuis que l'enfant s'est tué... Ah! monsieur, quelle désolation!... Le père porte encore les habits du mort; on ne peut pas les lui faire quitter... Dia! hue! la bête!

La charrette s'ébranla pour partir. Moi, qui voulais en savoir plus long, je demandai au voiturier de monter à côté de lui, et c'est là-haut, dans le foin, que j'appris toute cette navrante histoire...

Il s'appelait Jan. C'était un admirable paysan de vingt ans, sage comme une fille, solide et le visage ouvert. Comme il était très beau, les femmes le regardaient; mais lui n'en avait qu'une en tête, — une petite Arlésienne toute en velours et en dentelles, qu'il avait rencontrée sur la Lice d'Arles, une fois. — Au *mas*, on ne vit pas d'abord cette liaison avec plaisir. La fille passait pour coquette, et ses parents n'étaient pas du pays. Mais Jan voulait son Arlésienne à toute force. Il disait :

— Je mourrai si on ne me la donne pas.

Il fallut en passer par-là. On décida de les marier après la moisson.

Donc, un dimanche soir, dans la cour du *mas*, la famille achevait de dîner. C'était presque un repas de noces. La fiancée n'y assistait pas, mais on avait bu en son honneur tout le temps... Un homme se présente à la porte, et, d'une voix qui tremble, demande à parler à maître Estève, à lui seul. Estève se lève et sort sur la route.

— Maître, lui dit l'homme, vous allez marier votre

enfant à une coquine, qui a été ma maîtresse pendant deux ans. Ce que j'avance, je le prouve : voici des lettres !... Les parents savent tout et me l'avaient promise ; mais, depuis que votre fils la recherche, ni eux ni la belle ne veulent plus de moi... J'aurais cru pourtant qu'après ça elle ne pouvait pas être la femme d'un autre.

— C'est bien ! dit maître Estève quand il eut regardé les lettres ; entrez boire un verre de muscat.

L'homme répond :

— Merci ! j'ai plus de chagrin que de soif.

Et il s'en va.

Le père rentre impassible ; il reprend sa place à table ; et le repas s'achève gaiement...

Ce soir-là, maître Estève et son fils s'en allèrent ensemble dans les champs. Ils restèrent longtemps dehors ; quand ils revinrent, la mère les attendait encore.

— Femme, dit le *ménager*, en lui amenant son fils, embrasse-le ! il est malheureux...

Jan ne parla plus de l'Arlésienne. Il l'aimait toujours cependant, et même plus que jamais, depuis qu'on la lui avait montrée dans les bras d'un autre. Seulement il était trop fier pour rien dire ; c'est ce qui le tua, le pauvre enfant !... Quelquefois il passait des journées entières seul dans un coin, sans bouger. D'autres jours, il se mettait à la terre avec rage et abattait à lui seul le travail de dix journaliers... Le soir venu, il prenait la route d'Arles et marchait devant lui jusqu'à ce qu'il vît monter dans le couchant les clochers grêles de la ville. Alors il revenait. Jamais il n'alla plus loin.

De le voir ainsi, toujours triste et seul, les gens du *mas* ne savaient plus que faire. On redoutait un malheur... Une fois, à table, sa mère, en le regardant avec des yeux pleins de larmes, lui dit :

— Eh bien! écoute, Jan, si tu la veux tout de même, nous te la donnerons...

Le père, rouge de honte, baissait la tête...

Jan fit signe que non, et il sortit...

A partir de ce jour, il changea sa façon de vivre, affectant d'être toujours gai, pour rassurer ses parents. On le revit au bal, au cabaret, dans les ferrades. A la vote de Fonvieille, c'est lui qui mena la farandole.

Le père disait : « Il est guéri. » La mère, elle, avait toujours des craintes et plus que jamais surveillait son enfant... Jan couchait avec Cadet, tout près de la magnanerie; la pauvre vieille se fit dresser un lit à côté de leur chambre... Les magnans pouvaient avoir besoin d'elle, dans la nuit.

Vint la fête de saint Eloi, patron des ménagers.

Grande joie au *mas*... Il y eut du château-neuf pour tout le monde et du vin cuit comme s'il en pleuvait. Puis des pétards, des feux sur l'aire, des lanternes de couleur plein les micocouliers... Vive saint Eloi! On farandola à mort. Cadet brûla sa blouse neuve... Jan lui-même avait l'air content; il voulut faire danser sa mère; la pauvre femme en pleurait de bonheur.

A minuit, on alla se coucher. Tout le monde avait besoin de dormir... Jan ne dormit pas, lui. Cadet a raconté depuis que toute la nuit il avait sangloté... Ah! je vous réponds qu'il était bien mordu, celui-là...

Le lendemain, à l'aube, la mère entendit quelqu'un traverser sa chambre en courant. Elle eut comme un pressentiment :

— Jan, c'est toi ?

Jan ne répond pas; il est déjà dans l'escalier.

Vite, vite la mère se lève :

— Jan, où vas-tu ?

Il monte au grenier; elle monte derrière lui :

— Mon fils, au nom du ciel !

Il ferme la porte et tire le verrou.

— Jan, mon Janet, réponds-moi. Que vas-tu faire ?

A tâtons, de ses vieilles mains qui tremblent, elle cherche le loquet... Une fenêtre qui s'ouvre, le bruit d'un corps sur les dalles de la cour, et c'est tout...

Il s'était dit, le pauvre enfant : « Je l'aime trop... Je m'en vais... » Ah! misérables cœurs que nous sommes! C'est un peu fort pourtant que le mépris ne puisse pas tuer l'amour!...

Ce matin-là, les gens du village se demandèrent qui pouvait crier ainsi, là-bas, du côté du *mas* d'Estève...

C'était, dans la cour, devant la table de pierre couverte de rosée et de sang, la mère toute nue qui se lamentait, avec son enfant mort sur ses bras.

LA MULE DU PAPE

De tous les jolis dictons, proverbes ou adages, dont nos paysans de Provence passementent leurs discours, je n'en sais pas un plus pittoresque ni plus singulier que celui-ci. A quinze lieues autour de mon moulin, quand on parle d'un homme rancunier, vindicatif, on dit : « Cet homme-là! méfiez-vous!... il est comme la mule du Pape, qui garde sept ans son coup de pied. »

J'ai cherché bien longtemps d'où ce proverbe pouvait venir, ce que c'était que cette mule papale et ce coup de pied gardé pendant sept ans. Personne ici n'a pu me renseigner à ce sujet, pas même Francet Mamaï, mon joueur de fifre, qui connaît pourtant son légendaire provençal sur le bout du doigt. Francet pense comme moi qu'il y a là-dessous quelque ancienne chronique du pays d'Avignon; mais il n'en a jamais entendu parler autrement que par le proverbe...

— Vous ne trouverez cela qu'à la bibliothèque des Cigales, m'a dit le vieux fifre en riant.

L'idée m'a paru bonne, et comme la bibliothèque des Cigales est à ma porte, je suis allé m'y enfermer pendant huit jours.

C'est une bibliothèque merveilleuse, admirablement montée, ouverte aux poètes jour et nuit, et desservie par de petits bibliothécaires à cymbales qui vous font de la musique tout le temps. J'ai passé là quelques journées délicieuses, et, après une semaine de recherches, — sur le dos, — j'ai fini par découvrir ce que je voulais, c'est-à-dire l'histoire de ma mule et de ce fameux coup de pied gardé pendant sept ans. Le conte en est joli quoique un peu naïf, et je vais essayer de vous le dire tel que je l'ai lu hier matin dans un manuscrit couleur du temps, qui sentait bon la lavande sèche et avait de grands fils de la Vierge pour signets.

Qui n'a pas vu Avignon du temps des Papes, n'a rien vu. Pour la gaieté, la vie, l'animation, le train des fêtes, jamais une ville pareille. C'étaient, du matin au soir, des processions, des pèlerinages, les rues jonchées de fleurs, tapissées de hautes lices, des arrivages de cardinaux par le Rhône, bannières au vent, galères pavoisées, les soldats du Pape qui chantaient du latin sur les places, les crécelles des frères quêteurs ; puis, du haut en bas des maisons qui se pressaient en bourdonnant autour du grand palais papal comme des abeilles autour de leur ruche, c'était encore le tic-tac des métiers à dentelles, le va-et-vient des navettes tissant l'or des chasubles, les petits marteaux des ciseleurs de burettes, les tables d'harmonie qu'on ajustait chez les luthiers, les cantiques des ourdisseuses ; par là-dessus le bruit des cloches, et toujours quelques tambourins qu'on entendait ronfler, là-bas, du côté du pont. Car chez nous, quand le peuple est content, il faut qu'il danse, il faut qu'il danse ; et comme en ce temps-là les rues de la ville étaient trop étroites pour la farandole, fifres et tambourins se postaient sur le pont d'Avignon, au vent frais du Rhône, et jour et nuit l'on y dansait, l'on y dansait... Ah ! l'heureux temps ! l'heureuse ville ! Des hallebardes qui ne coupaient pas ; des prisons d'Etat où l'on mettait le vin à rafraîchir. Jamais de disette ; jamais de guerre... Voilà comment les Papes du Comtat savaient gouverner leur peuple ; voilà pourquoi leur peuple les a tant regrettés !...

Il y en a un surtout, un bon vieux, qu'on appelait
Boniface... Oh! celui-là, que de larmes on a versées en
Avignon quand il est mort! C'était un prince si aimable,
si avenant! Il vous riait si bien du haut de sa mule! Et
quand vous passiez près de lui, — fussiez-vous un
pauvre petit tireur de garance ou le grand viguier de la
ville, — il vous donnait sa bénédiction si poliment! Un
vrai pape d'Yvetot, mais d'un Yvetot de Provence,
avec quelque chose de fin dans le rire, un brin de mar-
jolaine à sa barrette, et pas la moindre Jeanneton...
La seule Jeanneton qu'on lui ait jamais connue, à ce
bon père, c'était sa vigne, — une petite vigne qu'il
avait plantée lui-même, à trois lieues d'Avignon, dans
les myrtes de Château-Neuf.

Tous les dimanches, en sortant de vêpres, le digne
homme allait lui faire sa cour; et quand il était là-haut,
assis au bon soleil, sa mule près de lui, ses cardinaux
tout autour étendus aux pieds des souches, alors il faisait déboucher un flacon de vin du cru, — ce beau vin,
couleur de rubis qui s'est appelé depuis le Château-
Neuf des Papes, — et il le dégustait par petits coups, en
regardant sa vigne d'un air attendri. Puis, le flacon
vidé, le jour tombant, il rentrait joyeusement à la ville,
suivi de tout son chapitre; et, lorsqu'il passait sur le
pont d'Avignon, au milieu des tambours et des farandoles, sa mule, mise en train par la musique, prenait
un petit amble sautillant, tandis que lui-même il marquait le pas de la danse avec sa barrette, ce qui scan-
dalisait fort ses cardinaux, mais faisait dire à tout le
peuple : « Ah! le bon prince! Ah! le brave pape! »

Après sa vigne de Château-Neuf, ce que le pape
aimait le plus au monde, c'était sa mule. Le bonhomme
en raffolait de cette bête-là. Tous les soirs avant de se
coucher il allait voir si son écurie était bien fermée, si
rien ne manquait dans sa mangeoire, et jamais il ne
se serait levé de table sans faire préparer sous ses yeux

un grand bol de vin à la française, avec beaucoup de sucre et d'aromates, qu'il allait lui porter lui-même, malgré les observations de ses cardinaux... Il faut dire aussi que la bête en valait la peine. C'était une belle mule noire mouchetée de rouge, le pied sûr, le poil luisant, la croupe large et pleine, portant fièrement sa petite tête sèche toute harnachée de pompons, de nœuds, de grelots d'argent, de bouffettes; avec cela douce comme un ange, l'œil naïf, et deux longues oreilles, toujours en branle, qui lui donnaient l'air bon enfant... Tout Avignon la respectait, et, quand elle allait dans les rues, il n'y avait pas de bonnes manières qu'on ne lui fît; car chacun savait que c'était le meilleur moyen d'être bien en cour, et qu'avec son air innocent, la mule du Pape en avait mené plus d'un à la fortune, à preuve Tistet Védène et sa prodigieuse aventure.

Ce Tistet Védène était, dans le principe, un effronté galopin, que son père, Guy Védène, le sculpteur d'or, avait été obligé de chasser de chez lui, parce qu'il ne voulait rien faire et débauchait les apprentis. Pendant six mois, on le vit traîner sa jaquette dans tous les ruisseaux d'Avignon, mais principalement du côté de la maison papale; car le drôle avait depuis longtemps son idée sur la mule du Pape, et vous allez voir que c'était quelque chose de malin... Un jour que Sa Sainteté se promenait toute seule sous les remparts avec sa bête, voilà mon Tistet qui l'aborde, et lui dit en joignant les mains d'un air d'admiration :

— Ah mon Dieu! grand Saint-Père, quelle brave mule vous avez là !... Laissez un peu que je la regarde... Ah! mon Pape, la belle mule !... L'empereur d'Allemagne n'en a pas une pareille.

Et il la caressait, et il lui parlait doucement comme à une demoiselle :

— Venez ça, mon bijou, mon trésor, ma perle fine...

Et le bon Pape, tout ému, se disait dans lui-même :

— Quel bon petit garçonnet!... Comme il est gentil avec ma mule!

Et puis le lendemain savez-vous ce qui arriva ? Tistet Védène troqua sa vieille jaquette jaune contre une belle aube en dentelles, un camail de soie violette, des souliers à boucles, et il entra dans la maîtrise du Pape, où jamais avant lui on n'avait reçu que des fils de nobles et des neveux de cardinaux... Voilà ce que c'est que l'intrigue!... Mais Tistet ne s'en tint pas là.

Une fois au service du Pape, le drôle continua le jeu qui lui avait si bien réussi. Insolent avec tout le monde, il n'avait d'attentions ni de prévenances que pour la mule, et toujours on le rencontrait par les cours du palais avec une poignée d'avoine ou une bottelée de sainfoin, dont il secouait gentiment les grappes roses en regardant le balcon du Saint-Père, d'un air de dire : « Hein!... pour qui ça ?... » Tant et tant qu'à la fin le bon Pape, qui se sentait devenir vieux, en arriva à lui laisser le soin de veiller sur l'écurie et de porter à la mule son bol de vin à la française; ce qui ne faisait pas rire les cardinaux.

Ni la mule non plus, cela ne la faisait pas rire... Maintenant, à l'heure de son vin, elle voyait toujours arriver chez elle cinq ou six petits clercs de maîtrise qui se fourraient vite dans la paille avec leur camail et leurs dentelles; puis, au bout d'un moment, une bonne odeur chaude de caramel et d'aromates emplissait l'écurie, et Tistet Védène apparaissait portant avec précaution le bol de vin à la française. Alors le martyre de la pauvre bête commençait.

Ce vin parfumé qu'elle aimait tant, qui lui tenait chaud, qui lui mettait des ailes, on avait la cruauté de le lui apporter, là, dans sa mangeoire, de le lui faire respirer; puis, quand elle en avait les narines pleines, passe, je t'ai vu! La belle liqueur de flamme rose s'en allait toute dans le gosier de ces garnements... Et encore, s'ils n'avaient fait que lui voler son vin; mais c'étaient comme des diables, tous ces petits clercs, quand ils avaient bu!... L'un lui tirait les oreilles, l'autre la queue; Quiquet lui montait sur le dos, Béluguet lui essayait sa barrette, et pas un de ces galopins ne songeait que d'un coup de reins ou d'une ruade la brave bête aurait pu les envoyer tous dans l'étoile polaire, et même plus loin... Mais non! On n'est pas pour rien la mule du Pape, la mule des bénédictions et des indulgences... Les enfants avaient beau faire, elle ne se fâchait pas; et ce n'était qu'à Tistet Védène qu'elle en voulait... Celui-là, par exemple, quand elle le sentait derrière elle, son sabot lui démangeait, et vraiment il y avait bien de quoi. Ce vaurien de Tistet lui jouait de si vilains tours! Il avait de si cruelles inventions après boire!...

Est-ce qu'un jour il ne s'avisa pas de la faire monter avec lui au clocheton de la maîtrise, là-haut, tout là-haut, à la pointe du palais!... Et ce que je vous dis là n'est pas un conte, deux cent mille Provençaux l'ont vu. Vous figurez-vous la terreur de cette malheureuse mule, lorsque, après avoir tourné pendant une heure à l'aveuglette dans un escalier en colimaçon et grimpé je ne sais combien de marches, elle se trouva tout à coup sur une plate-forme éblouissante de lumière, et qu'à mille pieds au-dessous d'elle elle aperçut tout un Avignon fantastique, les baraques du marché pas plus grosses que des noisettes, les soldats du Pape devant leur caserne comme des fourmis rouges, et là-bas, sur un fil d'argent, un petit pont microscopique où l'on dansait, où l'on dansait... Ah! pauvre bête! quelle panique! Du cri qu'elle en poussa, toutes les vitres du palais tremblèrent.

— Qu'est-ce qu'il y a? qu'est-ce qu'on lui fait? s'écria le bon Pape en se précipitant sur son balcon.

Tistet Védène était déjà dans la cour, faisant mine de pleurer et de s'arracher les cheveux :

— Ah! grand Saint-Père, ce qu'il y a! Il y a que votre mule... Mon Dieu! qu'allons-nous devenir ? Il y a que votre mule est montée dans le clocheton...

— Toute seule ? ? ?

— Oui, grand Saint-Père, toute seule... Tenez! regardez-la, là-haut... Voyez-vous le bout de ses oreilles qui passe ?... On dirait deux hirondelles...

— Miséricorde! fit le pauvre Pape en levant les yeux... Mais elle est donc devenue folle! Mais elle va se tuer... Veux-tu bien descendre, malheureuse!...

Pécaïre! elle n'aurait pas mieux demandé, elle, que de descendre...; mais par où ? L'escalier, il n'y fallait pas songer : ça se monte encore, ces choses-là; mais, à la descente, il y aurait de quoi se rompre cent fois les jambes... Et la pauvre mule se désolait, et, tout en rôdant sur la plate-forme avec ses gros yeux pleins de vertige, elle pensait à Tistet Védène :

— Ah! bandit, si j'en réchappe... quel coup de sabot demain matin!

Cette idée de coup de sabot lui redonnait un peu de cœur au ventre; sans cela elle n'aurait pas pu se tenir... Enfin on parvint à la tirer de là-haut; mais ce fut toute une affaire. Il fallut la descendre avec un cric, des cordes, une civière. Et vous pensez quelle humiliation pour la mule d'un pape de se voir pendue à cette hauteur, nageant des pattes dans le vide comme un hanneton au bout d'un fil. Et tout Avignon qui la regardait.

La malheureuse bête n'en dormit pas de la nuit. Il lui semblait toujours qu'elle tournait sur cette maudite plate-forme, avec les rires de la ville au-dessous, puis elle pensait à cet infâme Tistet Védène et au joli coup de sabot qu'elle allait lui détacher le lendemain matin. Ah! mes amis, quel coup de sabot! De Pampérigouste on en verrait la fumée... Or, pendant qu'on lui préparait cette belle réception à l'écurie, savez-vous ce que faisait Tistet Védène ? Il descendait le Rhône en chantant sur une galère papale et s'en allait à la

cour de Naples avec la troupe de jeunes nobles que la
ville envoyait tous les ans près de la reine Jeanne pour
s'exercer à la diplomatie et aux belles manières. Tistet
n'était pas noble; mais le Pape tenait à le récompenser
des soins qu'il avait donnés à sa bête, et principalement de l'activité qu'il venait de déployer pendant la
journée du sauvetage.

C'est la mule qui fut désappointée le lendemain!

— Ah! le bandit! il s'est douté de quelque chose!...
pensait-elle en secouant ses grelots avec fureur...; mais
c'est égal, va, mauvais! tu le retrouveras au retour,
ton coup de sabot..., je te le garde!

Et elle le lui garda.

Après le départ de Tistet, la mule du Pape retrouva
son train de vie tranquille et ses allures d'autrefois.
Plus de Quiquet, plus de Béluguet à l'écurie. Les beaux
jours du vin à la française étaient revenus, et avec eux
la bonne humeur, les longues siestes, et le petit pas de
gavotte quand elle passait sur le pont d'Avignon. Pourtant, depuis son aventure, on lui marquait toujours un
peu de froideur dans la ville. Il y avait des chuchote-
ments sur sa route; les vieilles gens hochaient la tête,
les enfants riaient en se montrant le clocheton. Le bon
Pape lui-même n'avait plus autant de confiance en son
amie, et, lorsqu'il se laissait aller à faire un petit somme
sur son dos, le dimanche, en revenant de la vigne, il
gardait toujours cette arrière-pensée : « Si j'allais me
réveiller là-haut, sur la plate-forme! » La mule voyait
cela et elle en souffrait, sans rien dire; seulement, quand
on prononçait le nom de Tistet Védène devant elle, ses
longues oreilles frémissaient, et elle aiguisait avec un
petit rire le fer de ses sabots sur le pavé...

Sept ans se passèrent ainsi; puis, au bout de ces
sept années, Tistet Védène revint de la cour de Naples.
Son temps n'était pas encore fini là-bas; mais il avait
appris que le premier moutardier du Pape venait de
mourir subitement en Avignon, et, comme la place lui

semblait bonne, il était arrivé en grande hâte pour se
mettre sur les rangs.

Quand cet intrigant de Védène entra dans la salle du
palais, le Saint-Père eut peine à le reconnaître, tant il
avait grandi et pris du corps. Il faut dire aussi que le
bon Pape s'était fait vieux de son côté, et qu'il n'y
voyait pas bien sans besicles.

Tistet ne s'intimida pas.

— Comment! grand Saint-Père, vous ne me recon-
naissez plus ?... C'est moi. Tistet Védène!...

— Védène ?...

— Mais oui, vous savez bien... celui qui portait le
vin français à votre mule.

— Ah! oui... oui... je me rappelle... Un bon petit
garçonnet, ce Tistet Védène!... Et maintenant, qu'est-
ce qu'il veut de nous ?

— Oh! peu de chose, grand Saint-Père... Je venais
vous demander... A propos, est-ce que vous l'avez toujours, votre mule ? Et elle va bien ?... Ah! tant mieux!...
Je venais vous demander la place du premier moutardier qui vient de mourir.

— Premier moutardier, toi!... Mais tu es trop jeune.
Quel âge as-tu donc ?

— Vingt ans deux mois, illustre pontife, juste
cinq ans de plus que votre mule... Ah!... palme de
Dieu, la brave bête!... Si vous saviez comme je l'aimais
cette mule-là!... comme je me suis langui d'elle en
Italie!... Est-ce que vous ne me la laisserez pas
voir ?

— Si, mon enfant, tu la verras, fit le bon Pape tout
ému... Et puisque tu l'aimes tant, cette brave bête, je
ne veux plus que tu vives loin d'elle. Dès ce jour, je
t'attache à ma personne en qualité de premier moutardier... Mes cardinaux crieront, mais tant pis! j'y suis
habitué... Viens nous trouver demain, à la sortie de
vêpres, nous te remettrons les insignes de ton grade
en présence de notre chapitre, et puis... je te mènerai

voir la mule, et tu viendras à la vigne avec nous deux...
hé! hé! Allons! va...

Si Tistet Védène était content en sortant de la grande
salle, avec quelle impatience il attendit la cérémonie
du lendemain, je n'ai pas besoin de vous le dire. Pourtant il y avait dans le palais quelqu'un de plus heureux
encore et de plus impatient que lui : c'était la mule.
Depuis le retour de Védène jusqu'aux vêpres du jour
suivant, la terrible bête ne cessa de se bourrer d'avoine
et de tirer au mur avec ses sabots de derrière. Elle
aussi se préparait pour la cérémonie...

Et donc, le lendemain, lorsque vêpres furent dites,
Tistet Védène fit son entrée dans la cour du palais
papal. Tout le haut clergé était là, les cardinaux en
robes rouges, l'avocat du diable en velours noir, les
abbés de couvent avec leurs petites mitres, les marguil-
liers de Saint-Agrico, les camails violets de la maîtrise,
le bas clergé aussi, les soldats du Pape en grand uniforme, les trois confréries de pénitents, les ermites du
mont Ventoux avec leurs mines farouches et le petit
clerc qui va derrière en portant la clochette, les frères
flagellants nus jusqu'à la ceinture, les sacristains fleuris
en robes de juges, tous, tous, jusqu'aux donneurs d'eau
bénite, et celui qui allume, et celui qui éteint... il n'y
en avait pas un qui manquât... Ah! c'était une belle
ordination! Des cloches, des pétards, du soleil, de la
musique, et toujours ces enragés de tambourins qui
menaient la danse, là-bas, sur le pont d'Avignon...

Quand Védène parut au milieu de l'assemblée, sa
prestance et sa belle mine y firent courir un murmure
d'admiration. C'était un magnifique Provençal, mais
des blonds, avec de grands cheveux frisés au bout et
une petite barbe follette qui semblait prise aux copeaux
de fin métal tombé du burin de son père, le sculpteur
d'or. Le bruit courait que dans cette barbe blonde les
doigts de la reine Jeanne avaient quelquefois joué; et
le sire de Védène avait bien, en effet, l'air glorieux et

le regard distrait des hommes que les reines ont aimés...
Ce jour-là, pour faire honneur à sa nation, il avait
remplacé ses vêtements napolitains par une jaquette
bordée de rose à la Provençale, et sur son chaperon
tremblait une grande plume d'ibis de Camargue.

Sitôt entré, le premier moutardier salua d'un air
galant, et se dirigea vers le haut perron, où le Pape
l'attendait pour lui remettre les insignes de son grade :
la cuiller de buis jaune et l'habit de safran. La mule
était au bas de l'escalier, toute harnachée et prête à
partir pour la vigne... Quand il passa près d'elle, Tistet
Védène eut un bon sourire et s'arrêta pour lui donner
deux ou trois petites tapes amicales sur le dos, en
regardant du coin de l'œil si le Pape le voyait. La
position était bonne... La mule prit son élan :

— Tiens! attrape, bandit! Voilà sept ans que je te
le garde!

Et elle vous lui détacha un coup de sabot si terrible,
si terrible, que de Pampérigouste même on en vit la
fumée, un tourbillon de fumée blonde où voltigeait
une plume d'ibis; tout ce qui restait de l'infortuné
Tistet Védène!...

Les coups de pied de mule ne sont pas aussi fou-
droyants d'ordinaire; mais celle-ci était une mule
papale; et puis, pensez donc! elle le lui gardait depuis
sept ans... Il n'y a pas de plus bel exemple de rancune
ecclésiastique.

LE PHARE DES SANGUINAIRES

Cette nuit je n'ai pas pu dormir. Le mistral était en colère, et les éclats de sa grande voix m'ont tenu éveillé jusqu'au matin. Balançant lourdement ses ailes mutilées qui sifflaient à la bise comme les agrès d'un navire, tout le moulin craquait. Des tuiles s'envolaient de sa toiture en déroute. Au loin, les pins serrés dont la colline est couverte s'agitaient et bruissaient dans l'ombre. On se serait cru en pleine mer...

Cela m'a rappelé tout à fait mes belles insomnies d'il y a trois ans, quand j'habitais le phare des Sanguinaires, là-bas, sur la côte corse, à l'entrée du golfe d'Ajaccio.

Encore un joli coin que j'avais trouvé là pour rêver et pour être seul.

Figurez-vous une île rougeâtre et d'aspect farouche; le phare à une pointe, à l'autre une vieille tour génoise où, de mon temps, logeait un aigle. En bas, au bord de l'eau, un lazaret en ruine, envahi de partout par les herbes; puis, des ravins, des maquis, de grandes roches, quelques chèvres sauvages, de petits chevaux corses gambadant la crinière au vent; enfin là-haut, tout en haut, dans un tourbillon d'oiseaux de mer, la maison du phare, avec sa plate-forme en maçonnerie blanche, où les gardiens se promènent de long en large, la porte verte en ogive, la petite tour de fonte, et au-dessus la grosse lanterne à facettes qui flambe au soleil et fait de la lumière même pendant le jour... Voilà l'île des

Sanguinaires, comme je l'ai revue cette nuit, en entendant ronfler mes pins. C'était dans cette île enchantée qu'avant d'avoir un moulin j'allais m'enfermer quelquefois, lorsque j'avais besoin de grand air et de solitude.

Ce que je faisais ?

Ce que je fais ici, moins encore. Quand le mistral ou la tramontane ne soufflaient pas trop fort, je venais me mettre entre deux roches au ras de l'eau, au milieu des goélands, des merles, des hirondelles, et j'y restais presque tout le jour dans cette espèce de stupeur et d'accablement délicieux que donne la contemplation de la mer. Vous connaissez, n'est-ce pas, cette jolie griserie de l'âme ? On ne pense pas, on ne rêve pas non plus. Tout votre être vous échappe, s'envole, s'éparpille. On est la mouette qui plonge, la poussière d'écume qui flotte au soleil entre deux vagues, la fumée blanche de ce paquebot qui s'éloigne, ce petit corailleur à voile rouge, cette perle d'eau, ce flocon de brume, tout excepté soi-même... Oh! que j'en ai passé dans mon île de ces belles heures de demi-sommeil et d'éparpillement!...

Les jours de grand vent, le bord de l'eau n'étant pas tenable, je m'enfermais dans la cour du lazaret, une petite cour mélancolique, toute embaumée de romarin et d'absinthe sauvage, et là, blotti contre un pan de vieux mur, je me laissais envahir doucement par le vague parfum d'abandon et de tristesse qui flottait avec le soleil dans les logettes de pierre, ouvertes tout autour comme d'anciennes tombes. De temps en temps un battement de porte, un bond léger dans l'herbe... c'était une chèvre qui venait brouter à l'abri du vent. En me voyant, elle s'arrêtait interdite, et restait plantée devant moi, l'air vif, la corne haute, me regardant d'un œil enfantin...

Vers cinq heures, le porte-voix des gardiens m'appelait pour dîner. Je prenais alors un petit sentier dans le

maquis grimpant à pic au-dessus de la mer, et je revenais lentement vers le phare, me retournant à chaque
pas sur cet immense horizon d'eau et de lumière qui
semblait s'élargir à mesure que je montais.

Là-haut c'était charmant. Je vois encore cette belle
salle à manger à larges dalles, à lambris de chêne, la
bouillabaisse fumant au milieu, la porte grande ouverte
sur la terrasse blanche et tout le couchant qui entrait...
Les gardiens étaient là, m'attendant pour se mettre à
table. Il y en avait trois, un Marseillais et deux Corses,
tous trois petits, barbus, le même visage tanné, crevassé,
le même *pelone* (caban) en poil de chèvre, mais d'allure
et d'humeur entièrement opposées.

A la façon de vivre de ces gens, on sentait tout de
suite la différence des deux races. Le Marseillais, indus-
trieux et vif, toujours affairé, toujours en mouvement,
courait l'île du matin au soir, jardinant, pêchant,
ramassant des œufs de *gouailles*, s'embusquant dans
le maquis pour traire une chèvre au passage; et toujours quelque aïoli ou quelque bouillabaisse en train.

Les Corses, eux, en dehors de leur service, ne s'occu-
paient absolument de rien; ils se considéraient comme
des fonctionnaires, et passaient toutes leurs journées
dans la cuisine à jouer d'interminables parties de *scopa*,
ne s'interrompant que pour rallumer leurs pipes d'un
air grave et hacher avec des ciseaux, dans le creux de
leurs mains, de grandes feuilles de tabac vert...

Du reste, Marseillais et Corses, tous trois de bonnes
gens, simples, naïfs, et pleins de prévenances pour leur
hôte, quoique au fond il dût leur paraître un monsieur
bien extraordinaire...

Pensez donc! venir s'enfermer au phare pour son
plaisir!... Eux qui trouvent les journées si longues, et
qui sont si heureux quand c'est leur tour d'aller à
terre... Dans la belle saison, ce grand bonheur leur
arrive tous les mois. Dix jours de terre pour trente jours

de phare, voilà le règlement ; mais avec l'hiver et les gros
temps, il n'y a plus de règlement qui tienne. Le vent
souffle, la vague monte, les Sanguinaires sont blanches
d'écume, et les gardiens de service restent bloqués deux
ou trois mois de suite, quelquefois même dans de terribles conditions.

— Voici ce qui m'est arrivé, à moi, monsieur, —
me contait un jour le vieux Bartoli, pendant que nous
dînions, — voici ce qui m'est arrivé il y a cinq ans, à
cette même table où nous sommes, un soir d'hiver,
comme maintenant. Ce soir-là, nous n'étions que deux
dans le phare, moi et un camarade qu'on appelait
Tchéco... Les autres étaient à terre, malades, en congé,
je ne sais plus... Nous finissions de dîner, bien tranquilles... Tout à coup, voilà mon camarade qui s'arrête
de manger, me regarde un moment avec de drôles
d'yeux, et, pouf ! tombe sur la table, les bras en avant.
Je vais à lui, je le secoue, je l'appelle :

« — Oh ! Tché !... Oh ! Tché !...

« Rien ! il était mort... Vous jugez quelle émotion !
Je restai plus d'une heure stupide et tremblant devant
ce cadavre, puis, subitement cette idée me vient : « Et le
phare ! » Je n'eus que le temps de monter dans la lanterne et d'allumer. La nuit était déjà là... Quelle nuit,
monsieur ! La mer, le vent, n'avaient plus leurs voix
naturelles. A tout moment il me semblait que quelqu'un
m'appelait dans l'escalier... Avec cela une fièvre, une
soif ! Mais vous ne m'auriez pas fait descendre... j'avais
trop peur du mort. Pourtant, au petit jour, le courage
me revint un peu. Je portai mon camarade sur son lit ;
un drap dessus, un bout de prière, et puis vite aux
signaux d'alarme.

« Malheureusement, la mer était trop grosse ; j'eus
beau appeler, appeler, personne ne vint... Me voilà seul
dans le phare avec mon pauvre Tchéco, et Dieu sait
pour combien de temps... J'espérais pouvoir le garder
près de moi jusqu'à l'arrivée du bateau ! mais au bout

de trois jours ce n'était plus possible... Comment faire ?
le porter dehors ? l'enterrer ? La roche était trop dure,
et il y a tant de corbeaux dans l'île. C'était pitié de leur
abandonner ce chrétien. Alors je songeai à le descendre
dans une des logettes du lazaret... Ça me prit tout un
après-midi cette triste corvée-là, et je vous réponds qu'il
m'en fallut du courage... Tenez! monsieur, encore
aujourd'hui, quand je descends ce côté de l'île par une
après-midi de grand vent, il me semble que j'ai toujours le mort sur les épaules... »

Pauvre vieux Bartoli! La sueur lui en coulait sur le
front, rien que d'y penser.

Nos repas se passaient ainsi à causer longuement :
le phare, la mer, des récits de naufrages, des histoires
de bandits corses... Puis, le jour tombant, le gardien
du premier quart allumait sa petite lampe, prenait sa
pipe, sa gourde, un gros Plutarque à tranche rouge,
toute la bibliothèque des Sanguinaires, et disparaissait
par le fond. Au bout d'un moment, c'était dans tout
le phare un fracas de chaînes, de poulies, de gros poids
d'horloges qu'on remontait.

Moi, pendant ce temps, j'allais m'asseoir dehors sur
la terrasse. Le soleil déjà très bas, descendait vers l'eau
de plus en plus vite, entraînant tout l'horizon après lui.
Le vent fraîchissait, l'île devenait violette. Dans le ciel,
près de moi, un gros oiseau passait lourdement : c'était
l'aigle de la tour génoise qui rentrait... Peu à peu la
brume de mer montait. Bientôt on ne voyait plus que
l'ourlet blanc de l'écume autour de l'île... Tout à coup,
au-dessus de ma tête, jaillissait un grand flot de lumière
douce. Le phare était allumé. Laissant toute l'île dans
l'ombre, le clair rayon allait tomber au large sur la
mer, et j'étais là perdu dans la nuit, sous ces grandes
ondes lumineuses qui m'éclaboussaient à peine en passant... Mais le vent fraîchissait encore. Il fallait rentrer.
A tâtons, je fermais la grosse porte, j'assurais les barres

de fer ; puis, toujours tâtonnant, je prenais un petit escalier de fonte qui tremblait et sonnait sous mes pas, et j'arrivais au sommet du phare. Ici, par exemple, il y en avait de la lumière.

Imaginez une lampe Carcel gigantesque à six rangs de mèches, autour de laquelle pivotent lentement les parois de la lanterne, les unes remplies par une énorme lentille de cristal, les autres ouvertes sur un grand vitrage immobile qui met la flamme à l'abri du vent... En entrant j'étais ébloui. Ces cuivres, ces étains, ces réflecteurs de métal blanc, ces murs de cristal bombé qui tournaient avec des grands cercles bleuâtres, tout ce miroitement, tout ce cliquetis de lumières, me donnait un moment de vertige.

Peu à peu, cependant, mes yeux s'y faisaient, et je venais m'asseoir au pied même de la lampe, à côté du gardien qui lisait son Plutarque à haute voix, de peur de s'endormir...

Au-dehors, le noir, l'abîme. Sur le petit balcon qui tourne autour du vitrage, le vent court comme un fou, en hurlant. Le phare craque, la mer ronfle. A la pointe de l'île, sur les brisants, les lames font comme des coups de canon... Par moments un doigt invisible frappe aux carreaux : quelque oiseau de nuit, que la lumière attire, et qui vient se casser la tête contre le cristal... Dans la lanterne étincelante et chaude, rien que le crépitement de la flamme, le bruit de l'huile qui s'égoutte, de la chaîne qui se dévide ; et une voix monotone psalmodiant la vie de Démétrius de Phalère...

A minuit, le gardien se levait, jetait un dernier coup d'œil à ses mèches, et nous descendions. Dans l'escalier on rencontrait le camarade du second quart qui montait en se frottant les yeux ; on lui passait la gourde, le Plutarque... Puis, avant de gagner nos lits, nous entrions un moment dans la chambre du fond, toute encombrée de chaînes, de gros poids, de réservoirs d'étain, de cordages, et là, à la lueur de sa petite lampe, le gardien écrivait sur le grand livre du phare, toujours ouvert :

Minuit. Grosse mer. Tempête. Navire au large.

L'AGONIE DE LA SÉMILLANTE

Puisque le mistral de l'autre nuit nous a jetés sur la côte corse, laissez-moi vous raconter une terrible histoire de mer dont les pêcheurs de là-bas parlent souvent à la veillée, et sur laquelle le hasard m'a fourni des renseignements fort curieux.

... Il y a deux ou trois ans de cela.

Je courais la mer de Sardaigne en compagnie de sept ou huit matelots douaniers. Rude voyage pour un novice! De tout le mois de mars, nous n'eûmes pas un jour de bon. Le vent d'est s'était acharné après nous, et la mer ne décolérait pas.

Un soir que nous fuyions devant la tempête, notre bateau vint se réfugier à l'entrée du détroit de Bonifacio, au milieu d'un massif de petites îles... Leur aspect n'avait rien d'engageant : grands rocs pelés, couverts d'oiseaux, quelques touffes d'absinthe, des maquis de lentisques, et, çà et là, dans la vase, des pièces de bois en train de pourrir : mais, ma foi, pour passer la nuit, ces roches sinistres valaient encore mieux que le rouf d'une vieille barque à demi pontée, où la lame entrait comme chez elle, et nous nous en contentâmes.

A peine débarqués, tandis que les matelots allumaient du feu pour la bouillabaisse, le patron m'appela, et, me montrant un petit enclos de maçonnerie blanche perdu dans la brume au bout de l'île :

— Venez-vous au cimetière ? me dit-il.

— Un cimetière, patron Lionetti! Où sommes-nous
donc ?

— Aux îles Lavezzi, monsieur. C'est ici que sont
enterrés les six cents hommes de la *Sémillante*, à l'endroit même où leur frégate s'est perdue, il y a dix ans...
Pauvres gens! ils ne reçoivent pas beaucoup de visites;
c'est bien le moins que nous allions leur dire bonjour,
puisque nous voilà...

— De tout mon cœur, patron.

Qu'il était triste le cimetière de la *Sémillante!*... Je
le vois encore avec sa petite muraille basse, sa porte
de fer, rouillée, dure à ouvrir, sa chapelle silencieuse, et
des centaines de croix noires cachées par l'herbe... Pas
une couronne d'immortelles, pas un souvenir! rien...
Ah! les pauvres morts abandonnés, comme ils doivent
avoir froid dans leur tombe de hasard!

Nous restâmes là un moment, agenouillés. Le patron
priait à haute voix. D'énormes goélands, seuls gardiens
du cimetière, tournoyaient sur nos têtes et mêlaient
leurs cris rauques aux lamentations de la mer.

La prière finie, nous revînmes tristement vers le coin
de l'île où la barque était amarrée. En notre absence,
les matelots n'avaient pas perdu leur temps. Nous trouvâmes un grand feu flambant à l'abri d'une roche, et
la marmite qui fumait. On s'assit en rond, les pieds à
la flamme, et bientôt chacun eut sur ses genoux, dans
une écuelle de terre rouge, deux tranches de pain noir
arrosées largement. Le repas fut silencieux : nous étions
mouillés, nous avions faim, et puis le voisinage du
cimetière... Pourtant, quand les écuelles furent vidées,
on alluma les pipes et on se mit à causer un peu. Naturellement, on parlait de la *Sémillante*.

— Mais enfin, comment la chose s'est-elle passée?
demandai-je au patron, qui, la tête dans ses mains,
regardait la flamme d'un air pensif.

— Comment la chose s'est passée? me répondit le

bon Lionetti avec un gros soupir, hélas! monsieur, personne au monde ne pourrait le dire. Tout ce que nous
savons, c'est que la *Sémillante*, chargée de troupes
pour la Crimée, était partie de Toulon, la veille au soir,
avec le mauvais temps. La nuit, ça se gâta encore. Du
vent, de la pluie, la mer énorme comme on ne l'avait
jamais vue... Le matin, le vent tomba un peu, mais la
mer était toujours dans tous ses états, et avec cela une
sacrée brume du diable à ne pas distinguer un fanal à
quatre pas... Ces brumes-là, monsieur, on ne se doute
pas comme c'est traître... Ça ne fait rien, j'ai idée que
la *Sémillante* a dû perdre son gouvernail dans la matinée; car, il n'y a pas de brume qui tienne, sans une
avarie, jamais le capitaine ne serait venu s'aplatir ici
contre. C'était un rude marin, que nous connaissions
tous. Il avait commandé la station en Corse pendant
trois ans, et savait sa côte aussi bien que moi, qui ne
sais pas autre chose.

— Et à quelle heure pense-t-on que la *Sémillante* a
péri ?

— Ce doit être à midi; oui, monsieur, en plein midi...
Mais dame! avec la brume de mer, ce plein midi-là ne
valait guère mieux qu'une nuit noire comme la gueule
d'un loup... Un douanier de la côte m'a raconté que ce
jour-là, vers onze heures et demie, étant sorti de sa maisonnette pour rattacher ses volets, il avait eu sa casquette emportée d'un coup de vent, et qu'au risque
d'être enlevé lui-même par la lame, il s'était mis à
courir après, le long du rivage, à quatre pattes. Vous
comprenez! les douaniers ne sont pas riches, et une
casquette, ça coûte cher. Or il paraîtrait qu'à un
moment notre homme, en relevant la tête, aurait aperçu
tout près de lui, dans la brume, un gros navire à sec
de toiles qui fuyait sous le vent du côté des îles Lavezzi.
Ce navire allait si vite, si vite, que le douanier n'eut
guère le temps de bien voir. Tout fait croire cependant
que c'était la *Sémillante*, puisque une demi-heure après

le berger des îles a entendu sur ces roches... Mais précisément voici le berger dont je vous parle, monsieur; il va vous conter la chose lui-même... Bonjour, Palombo!... viens te chauffer un peu; n'aie pas peur.

Un homme encapuchonné, que je voyais rôder depuis un moment autour de notre feu et que j'avais pris pour quelqu'un de l'équipage, car j'ignorais qu'il y eût un berger dans l'île, s'approcha de nous craintivement.

C'était un vieux lépreux, au trois quarts idiot, atteint de je ne sais quel mal scorbutique qui lui faisait de grosses lèvres lippues, horribles à voir. On lui expliqua à grand-peine de quoi il s'agissait. Alors, soulevant du doigt sa lèvre malade, le vieux nous raconta qu'en effet, le jour en question, vers midi, il entendit de sa cabane un craquement effroyable sur les roches. Comme l'île était toute couverte d'eau, il n'avait pas pu sortir, et ce fut le lendemain seulement qu'en ouvrant sa porte il avait vu le rivage encombré de débris et de cadavres laissés là par la mer. Epouvanté, il s'était enfui en courant vers sa barque, pour aller à Bonifacio chercher du monde.

Fatigué d'en avoir tant dit, le berger s'assit, et le patron reprit la parole :

— Oui, monsieur, c'est ce pauvre vieux qui est venu nous prévenir. Il était presque fou de peur; et, de l'affaire, sa cervelle en est restée détraquée. Le fait est qu'il y avait de quoi... Figurez-vous six cents cadavres en tas sur le sable, pêle-mêle avec les éclats de bois et les lambeaux de toile... Pauvre *Sémillante!*... la mer l'avait broyée du coup, et si bien mise en miettes que dans tous ses débris le berger Palombo n'a trouvé qu'à grand-peine de quoi faire une palissade autour de sa hutte... Quant aux hommes, presque tous défigurés, mutilés affreusement... c'était pitié de les voir accro-

chés les uns aux autres, par grappes... Nous trouvâmes
le capitaine en grand costume, l'aumônier son étole au
cou; dans un coin, entre deux roches, un petit mousse,
les yeux ouverts... on aurait cru qu'il vivait encore; mais
non! Il était dit que pas un n'en réchapperait....

Ici le patron s'interrompit :

— Attention, Nardi! cria-t-il, le feu s'éteint.

Nardi jeta sur la braise deux ou trois morceaux de
planches goudronnées qui s'enflammèrent, et Lionetti
continua :

— Ce qu'il y a de plus triste dans cette histoire, le
voici... Trois semaines avant le sinistre, une petite corvette, qui allait en Crimée comme la *Sémillante*, avait
fait naufrage de la même façon, presque au même
endroit; seulement, cette fois-là, nous étions parvenus
à sauver l'équipage et vingt soldats du train qui se
trouvaient à bord... Ces pauvres tringlos n'étaient pas
à leur affaire, vous pensez! On les emmena à Bonifacio
et nous les gardâmes pendant deux jours avec nous, à
la *marine*... Une fois bien secs et remis sur pied bonsoir!
bonne chance! ils retournèrent à Toulon où, quelque
temps après, on les embarqua de nouveau pour la
Crimée... Devinez sur quel navire!... Sur la *Sémillante*,
monsieur... Nous les avons retrouvés tous, tous les
vingt, couchés parmi les morts, à la place où nous
sommes... Je relevai moi-même un joli brigadier à
fines moustaches, un blondin de Paris, que j'avais
couché à la maison et qui nous avait fait rire tout le
temps avec ses histoires... De le voir là, ça me creva le
cœur... Ah! Santa Madre!...

Là-dessus, le brave Lionetti, tout ému, secoua les
cendres de sa pipe et se roula dans son caban en me
souhaitant la bonne nuit... Pendant quelque temps
encore, les matelots causèrent entre eux à demi-voix...
Puis, l'une après l'autre, les pipes s'éteignirent... On
ne parla plus... Le vieux berger s'en alla... Et je restai
seul à rêver au milieu de l'équipage endormi.

Encore sous l'impression du lugubre récit que je venais d'entendre, j'essayais de reconstruire dans ma pensée le pauvre navire défunt et l'histoire de cette agonie dont les goélands ont été seuls témoins. Quelques détails qui m'avaient frappé, le capitaine en grand costume, l'étole de l'aumônier, les vingt soldats du train, m'aidaient à deviner toutes les péripéties du drame... Je voyais la frégate partant de Toulon dans la nuit... Elle sort du port. La mer est mauvaise, le vent terrible; mais on a pour capitaine un vaillant marin, et tout le monde est tranquille à bord...

Le matin, la brume de mer se lève. On commence à être inquiet. Tout l'équipage est en haut. Le capitaine ne quitte pas la dunette... Dans l'entrepont, où les soldats sont renfermés il fait noir ; l'atmosphère est chaude. Quelques-uns sont malades, couchés sur leurs sacs. Le navire tangue horriblement; impossible de se tenir debout. On cause assis à terre, par groupes, en se cramponnant aux bancs; il faut crier pour s'entendre. Il y en a qui commencent à avoir peur... Ecoutez donc! les naufrages sont fréquents dans ces parages-ci; les tringlos sont là pour le dire, et ce qu'ils racontent n'est pas rassurant. Leur brigadier surtout, un Parisien qui blague toujours, vous donne la chair de poule avec ses plaisanteries :

— Un naufrage!... mais c'est très amusant, un naufrage. Nous en serons quittes pour un bain à la glace, et puis on nous mènera à Bonifacio, histoire de manger des merles chez le patron Lionetti.

Et les tringlos de rire...

Tout à coup un craquement... Qu'est-ce que c'est ? Qu'arrive-t-il ?...

— Le gouvernail vient de partir, dit un matelot tout mouillé qui traverse l'entrepont en courant.

— Bon voyage! crie cet enragé de brigadier; mais cela ne fait plus rire personne.

Grand tumulte sur le pont. La brume empêche de se

voir. Les matelots vont et viennent, effrayés, à tâtons...
Plus de gouvernail! La manœuvre est impossible... La
Sémillante, en dérive, file comme le vent... C'est à ce
moment que le douanier la voit passer; il est onze heures
et demie. A l'avant de la frégate, on entend comme un
coup de canon... Les brisants! les brisants!... C'est fini,
il n'y a plus d'espoir, on va droit à la côte... Le capitaine descend dans sa cabine... Au bout d'un moment,
il vient reprendre sa place sur la dunette, — en grand
costume... Il a voulu se faire beau pour mourir.

Dans l'entrepont, les soldats, anxieux, se regardent,
sans rien dire... Les malades essayent de se redresser...
le petit brigadier ne rit plus... C'est alors que la porte
s'ouvre et que l'aumônier paraît sur le seuil avec son
étole :

— A genoux, mes enfants!

Tout le monde obéit. D'une voix retentissante, le
prêtre commence la prière des agonisants.

Soudain un choc formidable, un cri, un seul cri, un
cri immense, des bras tendus, des mains qui se cram-
ponnent, des regards effarés où la vision de la mort
passe comme un éclair...

Miséricorde!...

C'est ainsi que je passai toute la nuit à rêver, évo-
quant à dix ans de distance, l'âme du pauvre navire
dont les débris m'entouraient... Au loin, dans le détroit,
la tempête faisait rage; la flamme du bivouac se cour-
bait sous la rafale; et j'entendais notre barque danser
au pied des roches en faisant crier son amarre.

LES DOUANIERS

Le bateau l'*Emilie*, de Porto-Vecchio, à bord duquel j'ai fait ce lugubre voyage aux îles Lavezzi, était une vieille embarcation de la douane, à demi pontée, où l'on n'avait pour s'abriter du vent, des lames, de la pluie, qu'un petit rouf goudronné, à peine assez large pour tenir une table et deux couchettes. Aussi il fallait voir nos matelots par le gros temps. Les figures ruisselaient, les vareuses trempées fumaient comme du linge à l'étuve, et en plein hiver les malheureux passaient ainsi des journées entières, même des nuits, accroupis sur leurs bancs mouillés, à grelotter dans cette humidité malsaine; car on ne pouvait pas allumer de feu à bord, et la rive était souvent difficile à atteindre... Eh bien, pas un de ces hommes ne se plaignait. Par les temps les plus rudes, je leur ai toujours vu la même placidité, la même bonne humeur. Et pourtant quelle triste vie que celle de ces matelots douaniers!

Presque tous mariés, ayant femme et enfants à terre, ils restent des mois dehors, à louvoyer sur ces côtes si dangereuses. Pour se nourrir, ils n'ont guère que du pain moisi et des oignons sauvages. Jamais de vin, jamais de viande, parce que la viande et le vin coûtent cher et qu'ils ne gagnent que cinq cents francs par an! Cinq cents francs par an! vous pensez si la hutte doit être noire là-bas à la *marine*, et si les enfants doivent aller pieds nus!... N'importe! Tous ces gens-là paraissent

contents. Il y avait à l'arrière, devant le rouf, un grand
baquet plein d'eau de pluie où l'équipage venait boire,
et je me rappelle que, la dernière gorgée finie, chacun
de ces pauvres diables secouait son gobelet avec un
« Ah!... » de satisfaction, une expression de bien-être
à la fois comique et attendrissante.

Le plus gai, le plus satisfait de tous, était un petit
Bonifacien hâlé et trapu qu'on appelait Palombo.
Celui-là ne faisait que chanter, même dans les plus
gros temps. Quand la lame devenait lourde, quand le
ciel assombri et bas se remplissait de grésil, et qu'on
était là tous, le nez en l'air, la main sur l'écoute, à
guetter le coup de vent qui allait venir, alors, dans le
grand silence et l'anxiété du bord, la voix tranquille
de Palombo commençait :

> Non, monseigneur,
> C'est trop d'honneur.
> Lisette est sa...age,
> Reste au villa...age...

Et la rafale avait beau souffler, faire gémir les agrès,
secouer et inonder la barque, la chanson du douanier
allait son train, balancée comme une mouette à la
pointe des vagues. Quelquefois le vent accompagnait
trop fort, on n'entendait plus les paroles; mais, entre
chaque coup de mer, dans le ruissellement de l'eau qui
s'égouttait, le petit refrain revenait toujours :

> Lisette est sa... age,
> Reste au villa... age...

Un jour, pourtant, qu'il ventait et pleuvait très fort,
je ne l'entendis pas. C'était si extraordinaire, que je
sortis la tête du rouf :

— Eh! Palombo, on ne chante donc plus ?

Palombo ne répondit pas. Il était immobile, couché

sous son banc. Je m'approchai de lui. Ses dents cla-
quaient ; tout son corps tremblait de fièvre.

— Il a une *pountoura*, me dirent ses camarades tristement.

Ce qu'ils appellent *pountoura*, c'est un point de côté,
une pleurésie. Ce grand ciel plombé, cette barque ruisselante, ce pauvre fiévreux roulé dans un vieux manteau de caoutchouc qui luisait sous la pluie comme une
peau de phoque, je n'ai jamais rien vu de plus lugubre.
Bientôt le froid, le vent, la secousse des vagues, aggra-
vèrent son mal. Le délire le prit ; il fallut aborder.

Après beaucoup de temps et d'efforts, nous entrâmes
vers le soir dans un petit port aride et silencieux,
qu'animait seulement le vol circulaire de quelques
gouailles. Tout autour de la plage montaient de hautes
roches escarpées, des maquis inextricables d'arbustes
verts, d'un vert sombre, sans saison. En bas, au bord
de l'eau, une petite maison blanche à volets gris : c'était
le poste de la douane. Au milieu de ce désert, cette
bâtisse de l'Etat, numérotée comme une casquette
d'uniforme, avait quelque chose de sinistre. C'est là
qu'on descendit le malheureux Palombo. Triste asile
pour un malade ! Nous trouvâmes le douanier en train
de manger au coin du feu avec sa femme et ses enfants.
Tout ce monde-là vous avait des mines hâves, jaunes,
des yeux agrandis, cerclés de fièvre. La mère, jeune
encore, un nourrisson sur les bras, grelottait en nous
parlant.

— C'est un poste terrible, me dit tout bas l'inspecteur. Nous sommes obligés de renouveler nos douaniers
tous les deux ans. La fièvre de marais les mange...

Il s'agissait cependant de se procurer un médecin.
Il n'y en avait pas avant Sartène, c'est-à-dire à six ou
huit lieues de là. Comment faire ? Nos matelots n'en
pouvaient plus ; c'était trop loin pour envoyer un des
enfants. Alors la femme, se penchant dehors, appelant :

— Cecco !... Cecco !

Et nous vîmes entrer un grand gars bien découplé, vrai type de braconnier ou de *banditto*, avec son bonnet de laine brune et son *pelone* en poils de chèvre. En débarquant je l'avais déjà remarqué, assis devant la porte, sa pipe rouge aux dents, un fusil entre les jambes ; mais, je ne sais pourquoi, il s'était enfui à notre approche. Peut-être croyait-il que nous avions des gendarmes avec nous. Quand il entra, la douanière rougit un peu.

— C'est mon cousin... nous dit-elle. Pas de danger que celui-là se perde dans le maquis.

Puis elle lui parla tout bas, en montrant le malade. L'homme s'inclina sans répondre, sortit, siffla son chien, et le voilà parti, le fusil sur l'épaule, sautant de roche en roche avec ses longues jambes.

Pendant ce temps-là les enfants, que la présence de l'inspecteur semblait terrifier, finissaient vite leur dîner de châtaignes et de *brucio* (fromage blanc). Et toujours de l'eau, rien que de l'eau sur la table ! Pourtant, c'eût été bien bon, un coup de vin, pour ces petits. Ah ! misère ! Enfin la mère monta les coucher ; le père, allumant son falot, alla inspecter la côte, et nous restâmes au coin du feu à veiller notre malade qui s'agitait sur son grabat, comme s'il était encore en pleine mer, secoué par les lames. Pour calmer un peu sa *pountoura*, nous faisions chauffer des galets, des briques qu'on lui posait sur le côté. Une ou deux fois, quand je m'approchai de son lit, le malheureux me reconnut, et, pour me remercier, me tendit péniblement la main, une grosse main râpeuse et brûlante comme une de ces briques sorties du feu...

Triste veillée ! Au-dehors, le mauvais temps avait repris avec la tombée du jour, et c'était un fracas, un roulement, un jaillissement d'écume, la bataille des roches et de l'eau. De temps en temps, le coup de vent du large parvenait à se glisser dans la baie et enveloppait notre maison. On le sentait à la montée subite de

la flamme qui éclairait tout à coup les visages mornes
des matelots, groupés autour de la cheminée et regardant le feu avec cette placidité d'expression que donne
l'habitude des grandes étendues et des horizons pareils.
Parfois aussi, Palombo se plaignait doucement. Alors
tous les yeux se tournaient vers le coin obscur où le
pauvre camarade était en train de mourir, loin des
siens, sans secours; les poitrines se gonflaient et l'on
entendait de gros soupirs. C'est tout ce qu'arrachait
à ces ouvriers de la mer, patients et doux, le sentiment
de leur propre infortune. Pas de révoltes, pas de grèves.
Un soupir, et rien de plus!... Si, pourtant, je me trompe.
En passant devant moi pour jeter une bourrée au feu,
un d'eux me dit tout bas d'une voix navrée :

— Voyez-vous, monsieur... on a quelquefois beaucoup *du* tourment dans notre métier!...

LE CURÉ DE CUCUGNAN

Tous les ans, à la Chandeleur, les poètes provençaux publient en Avignon un joyeux petit livre rempli
jusqu'aux bords de beaux vers et de jolis contes. Celui
de cette année m'arrive à l'instant, et j'y trouve un
adorable fabliau que je vais essayer de vous traduire
en l'abrégeant un peu... Parisiens, tendez vos mannes.
C'est de la fine fleur de farine provençale qu'on va
vous servir cette fois...

L'abbé Martin était curé... de Cucugnan.
Bon comme le pain, franc comme l'or, il aimait pater-
nellement ses Cucugnanais; pour lui, son Cucugnan
aurait été le paradis sur terre, si les Cucugnanais lui
avaient donné un peu plus de satisfaction. Mais, hélas!
les araignées filaient dans son confessionnal, et, le beau
jour de Pâques, les hosties restaient au fond de son
saint-ciboire. Le bon prêtre en avait le cœur meurtri,
et toujours il demandait à Dieu la grâce de ne pas mourir avant d'avoir ramené au bercail son troupeau
dispersé.
Or, vous allez voir que Dieu l'entendit.
Un dimanche, après l'Evangile, M. Martin monta
en chaire.

— Mes frères, dit-il, vous me croirez si vous voulez :

l'autre nuit, je me suis trouvé, moi misérable pécheur, à la porte du paradis.

« Je frappai : saint Pierre m'ouvrit!

« — Tiens! c'est vous, mon brave monsieur Martin, me fit-il; quel bon vent... ? et qu'y a-t-il pour votre service ?

« — Beau saint Pierre, vous qui tenez le grand livre et la clef, pourriez-vous me dire, si je ne suis pas trop curieux, combien vous avez de Cucugnanais en paradis ?

« — Je n'ai rien à vous refuser, monsieur Martin; asseyez-vous, nous allons voir la chose ensemble.

« Et saint Pierre prit son gros livre, l'ouvrit, mit ses besicles :

« — Voyons un peu : Cucugnan, disons-nous. Cu... Cu... Cucugnan. Nous y sommes. Cucugnan... Mon brave monsieur Martin, la page est toute blanche. Pas une âme... Pas plus de Cucugnanais que d'arêtes dans une dinde.

« — Comment! Personne de Cucugnan ici ? Personne ? Ce n'est pas possible! Regardez mieux...

« — Personne, saint homme. Regardez vous-même, si vous croyez que je plaisante.

« Moi, pécaïre! je frappais des pieds, et, les mains jointes, je criais miséricorde. Alors, saint Pierre :

« — Croyez-moi, monsieur Martin, il ne faut pas ainsi vous mettre le cœur à l'envers, car vous pourriez en avoir quelque mauvais coup de sang. Ce n'est pas votre faute, après tout. Vos Cucugnanais, voyez-vous, doivent faire à coup sûr leur petite quarantaine en purgatoire.

« — Ah! par charité, grand saint Pierre! faites que je puisse au moins les voir et les consoler.

« — Volontiers, mon ami... Tenez, chaussez vite ces sandales, car les chemins ne sont pas beaux de reste... Voilà qui est bien... Maintenant, cheminez droit devant vous. Voyez-vous là-bas, au fond, en tournant ? Vous

trouverez une porte d'argent toute constellée de croix
noires... à main droite... Vous frapperez, on vous
ouvrira... Adessias! Tenez-vous sain et gaillardet.

« Et je cheminai... je cheminai! Quelle battue! j'ai
la chair de poule, rien que d'y songer. Un petit sentier,
plein de ronces, d'escarboucles qui luisaient et de ser-
pents qui sifflaient, m'amena jusqu'à la porte d'argent.

« — Pan! pan!

« — Qui frappe! me fait une voix rauque et dolente.

« — Le curé de Cucugnan.

« — De... ?

« — De Cucugnan.

« — Ah!... Entrez.

« J'entrai. Un grand bel ange, avec des ailes sombres
comme la nuit, avec une robe resplendissante comme
le jour, avec une clef de diamant pendue à sa ceinture,
écrivait, cra-cra, dans un grand livre plus gros que
celui de saint Pierre...

« — Finalement, que voulez-vous et que demandez-
vous ? dit l'ange.

« — Bel ange de Dieu, je veux savoir, — je suis bien
curieux peut-être, — si vous avez ici les Cucugnanais.

« — Les ?...

« — Les Cucugnanais, les gens de Cucugnan... que
c'est moi qui suis leur prieur.

« — Ah! l'abbé Martin, n'est-ce pas ?

« — Pour vous servir, monsieur l'ange.

« — Vous dites donc Cucugnan...

« Et l'ange ouvre et feuillette son grand livre,
mouillant son doigt de salive pour que le feuillet
glisse mieux...

« — Cucugnan, dit-il en poussant un long soupir...
Monsieur Martin, nous n'avons en purgatoire personne de Cucugnan.

« — Jésus! Marie! Joseph! personne de Cucugnan en purgatoire! O grand Dieu! où sont-ils donc?

« — Eh! saint homme, ils sont en paradis. Où diantre voulez-vous qu'ils soient?

« — Mais j'en viens, du paradis...

« — Vous en venez!!... Eh bien?

« — Eh bien! ils n'y sont pas!... Ah! bonne mère des anges!...

« — Que voulez-vous, monsieur le curé? s'ils ne sont ni en paradis ni en purgatoire, il n'y a pas de milieu, ils sont...

« — Sainte croix! Jésus, fils de David! Aï! aï! aï! est-il possible?... Serait-ce un mensonge du grand saint Pierre?... Pourtant je n'ai pas entendu chanter le coq!... Aï! pauvres nous! comment irai-je en paradis si mes Cucugnanais n'y sont pas?

« — Ecoutez, mon pauvre monsieur Martin, puisque vous voulez, coûte que coûte, être sûr de tout ceci, et voir de vos yeux de quoi il retourne, prenez ce sentier, filez en courant, si vous savez courir... Vous trouverez, à gauche, un grand portail. Là, vous vous renseignerez sur tout. Dieu vous le donne!

« Et l'ange ferma la porte.

« C'était un long sentier tout pavé de braise rouge. Je chancelais comme si j'avais bu; à chaque pas, je trébuchais; j'étais tout en eau, chaque poil de mon corps avait sa goutte de sueur, et je haletais de soif... Mais, ma foi, grâce aux sandales que le bon saint Pierre m'avait prêtées, je ne me brûlai pas les pieds.

« Quand j'eus fait asse ue faux pas clopin-clopant, je vis à ma main gauche une porte... non, un portail, un énorme portail, tout bâillant, comme la porte d'un grand four. Oh! mes enfants, quel spectacle! Là on ne demande pas mon nom; là, point de registre. Par four-

nées et à pleine porte, on entre là, mes frères, comme le
dimanche vous entrez au cabaret.

« Je suais à grosses gouttes, et pourtant j'étais transi,
j'avais le frisson. Mes cheveux se dressaient. Je sentais
le brûlé, la chair rôtie, quelque chose comme l'odeur
qui se répand dans notre Cucugnan quand Eloy, le
maréchal, brûle pour la ferrer la botte d'un vieil âne.
Je perdais haleine dans cet air puant et embrasé; j'entendais une clameur horrible, des gémissements, des
hurlements et des jurements.

« — Eh bien! entres-tu ou n'entres-tu pas, toi ? —
me fait, en me piquant de sa fourche, un démon cornu.

« — Moi ? Je n'entre pas. Je suis un ami de Dieu.

« — Tu es un ami de Dieu... Eh! b... de teigneux!
que viens-tu faire ici ?...

« — Je viens... Ah! ne m'en parlez pas, que je ne
puis plus me tenir sur mes jambes... Je viens... Je viens
de loin... humblement vous demander... si... si, par
coup de hasard... vous n'auriez pas ici... quelqu'un...
quelqu'un de Cucugnan...

« — Ah! feu de Dieu! tu fais la bête, toi, comme si
tu ne savais pas que tout Cucugnan est ici. Tiens, laid
corbeau, regarde, et tu verras comme nous les arran-
geons ici, tes fameux Cucugnanais...

« Et je vis, au milieu d'un épouvantable tourbillon
de flamme :

« Le long Coq-Galine, — vous l'avez tous connu,
mes frères, — Coq-Galine, qui se grisait si souvent, et si
souvent secouait les puces à sa pauvre Clairon.

« Je vis Catarinet... cette petite gueuse... avec son
nez en l'air... qui couchait toute seule à la grange... Il
vous en souvient, mes drôles!... Mais passons, j'en ai
trop dit.

« Je vis Pascal Doigt-de-Poix, qui faisait son huile
avec les olives de M. Julien.

« Je vis Babet la glaneuse, qui, en glanant, pour

avoir plus vite noué sa gerbe, puisait à poignées aux gerbiers.

« Je vis maître Grapasi, qui huilait si bien la roue de sa brouette.

« Et Dauphine, qui vendait si cher l'eau de son puits.

« Et le Tortillard, qui, lorsqu'il me rencontrait portant le bon Dieu, filait son chemin, la barrette sur la tête et la pipe au bec... et fier comme Artaban... comme s'il avait rencontré un chien.

« Et Coulau avec sa Zette, et Jacques, et Pierre, et Toni... »

Emu, blême de peur, l'auditoire gémit, en voyant, dans l'enfer tout ouvert, qui son père et qui sa mère, qui sa grand-mère et qui sa sœur...

— Vous sentez bien, mes frères, reprit le bon abbé Martin, vous sentez bien que ceci ne peut pas durer. J'ai charge d'âmes, et je veux, je veux vous sauver de l'abîme où vous êtes tous en train de rouler tête première. Demain je me mets à l'ouvrage, pas plus tard que demain. Et l'ouvrage ne manquera pas ! Voici comment je m'y prendrai. Pour que tout se fasse bien, il faut tout faire avec ordre. Nous irons rang par rang, comme à Jonquières quand on danse.

« Demain lundi, je confesserai les vieux et les vieilles. Ce n'est rien.

« Mardi, les enfants. J'aurai bientôt fait.

« Mercredi, les garçons et les filles. Cela pourra être long.

« Jeudi, les hommes. Nous couperons court.

« Vendredi, les femmes. Je dirai : Pas d'histoires !

« Samedi, le meunier !... Ce n'est pas trop d'un jour pour lui tout seul...

« Et, si dimanche nous avons fini, nous serons bien heureux.

« Voyez-vous, mes enfants, quand le blé est mûr, il faut le couper ; quand le vin est tiré, il faut le boire.

Voilà assez de linge sale, il s'agit de le laver, et de le bien laver.

« C'est la grâce que je vous souhaite. *Amen!* »

Ce qui fut dit fut fait. On coula la lessive.

Depuis ce dimanche mémorable, le parfum des vertus de Cucugnan se respire à dix lieues à l'entour.

Et le bon pasteur M. Martin, heureux et plein d'allégresse, a rêvé l'autre nuit que, suivi de tout son troupeau, il gravissait, en resplendissante procession, au milieu des cierges allumés, d'un nuage d'encens qui embaumait et des enfants de chœur qui chantaient *Te Deum*, le chemin éclairé de la cité de Dieu.

Et voilà l'histoire du curé de Cucugnan, telle que m'a ordonné de vous le dire ce grand gueusard de Roumanille, qui la tenait lui-même d'un autre bon compagnon.

LES VIEUX

— Une lettre, père Azan ?

— Oui, monsieur... ça vient de Paris.

Il était tout fier que ça vînt de Paris, ce brave père Azan... Pas moi. Quelque chose me disait que cette Parisienne de la rue Jean-Jacques, tombant sur ma table à l'improviste et de si grand matin, allait me faire perdre toute ma journée. Je ne me trompais pas, voyez plutôt :

Il faut que tu me rendes un service, mon ami. Tu vas fermer ton moulin pour un jour et t'en aller tout de suite à Eyguières... Eyguières est un gros bourg à trois ou quatre lieues de chez toi, — une promenade. En arrivant, tu demanderas le couvent des Orphelines. La première maison après le couvent est une maison basse à volets gris avec un jardinet derrière. Tu entreras sans frapper, la porte est toujours ouverte, — et, en entrant, tu crieras bien fort : « Bonjour, braves gens ! Je suis l'ami de Maurice... » Alors, tu verras deux petits vieux, oh ! mais vieux, vieux, archivieux, te tendre les bras du fond de leurs grands fauteuils, et tu les embrasseras de ma part, avec tout ton cœur, comme s'ils étaient à toi. Puis vous causerez; ils te parleront de moi, rien que de moi; ils te raconteront mille folies que tu écouteras sans rire... Tu ne riras pas, hein ?... Ce sont mes grands-parents, deux êtres dont je suis toute la vie et qui ne m'ont

pas vu depuis dix ans... Dix ans, c'est long! Mais que
veux-tu ? moi, Paris me tient; eux, c'est le grand âge...
Ils sont si vieux, s'ils venaient me voir, ils se casseraient
en route... Heureusement, tu es là-bas, mon cher meu-
nier, et, en t'embrassant, les pauvres gens croiront
m'embrasser un peu moi-même... Je leur ai si souvent
parlé de nous et de cette bonne amitié dont...

Le diable soit de l'amitié! Justement ce matin-là il
faisait un temps admirable, mais qui ne valait rien pour
courir les routes : trop de mistral et trop de soleil, une
vraie journée de Provence. Quand cette maudite lettre
arriva, j'avais déjà choisi mon *cagnard* (abri) entre
deux roches, et je rêvais de rester là tout le jour, comme
un lézard, à boire de la lumière, en écoutant chanter les
pins... Enfin, que voulez-vous faire ? Je fermai le moulin en maugréant, je mis la clef sous la chatière. Mon
bâton, ma pipe, et me voilà parti.

J'arrivai à Eyguières vers deux heures. Le village était
désert, tout le monde aux champs. Dans les ormes du
cours, blancs de poussière, les cigales chantaient comme
en pleine Crau. Il y avait bien sur la place de la mairie
un âne qui prenait le soleil, un vol de pigeons sur la
fontaine de l'église; mais personne pour m'indiquer
l'orphelinat. Par bonheur une vieille fée m'apparut tout
à coup, accroupie et filant dans l'encoignure de sa
porte; je lui dis ce que je cherchais; et comme cette
fée était très puissante, elle n'eut qu'à lever sa que-
nouille : aussitôt le couvent des Orphelines se dressa
devant moi comme par magie... C'était une grande
maison maussade et noire, toute fière de montrer au-
dessus de son portail en ogive une vieille croix de
grès rouge avec un peu de latin autour. A côté de
cette maison, j'en aperçus une autre plus petite. Des
volets gris, le jardin derrière... Je la reconnus tout de
suite, et j'entrai sans frapper.

Je reverrai toute ma vie ce long corridor frais et
calme, la muraille peinte en rose, le jardinet qui trem-

blait au fond à travers un store de couleur claire, et sur tous les panneaux des fleurs et des violons fanés. Il me semblait que j'arrivais chez quelque vieux bailli du temps de Sedaine... Au bout du couloir, sur la gauche, par une porte entrouverte on entendait le tic-tac d'une grosse horloge et une voix d'enfant, mais d'enfant à l'école, qui lisait en s'arrêtant à chaque syllabe : A... LORS... SAINT... I... RÉ... NÉE... S'É... CRI... A... JE... SUIS... LE... FRO... MENT... DU... SEIGNEUR... IL... FAUT... QUE... JE... SOIS... MOU... LU... PAR... LA... DENT... DE... CES... A... NI... MAUX... Je m'approchai doucement de cette porte et je regardai.

Dans le calme et le demi-jour d'une petite chambre, un bon vieux à pommettes roses, ridé jusqu'au bout des doigts, dormait au fond d'un fauteuil, la bouche ouverte, les mains sur ses genoux. A ses pieds, une fillette habillée de bleu, — grande pèlerine et petit béguin, le costume des orphelines, — lisait la Vie de saint Irénée dans un livre plus gros qu'elle... Cette lecture miraculeuse avait opéré sur toute la maison. Le vieux dormait dans son fauteuil, les mouches au plafond, les canaris dans leur cage, là-bas sur la fenêtre. La grosse horloge ronflait, tic-tac, tic-tac. Il n'y avait d'éveillé dans toute la chambre qu'une grande bande de lumière qui tombait droite et blanche entre les volets clos, pleine d'étincelles vivantes et de valses microscopiques... Au milieu de l'assoupissement général, l'enfant continuait sa lecture d'un air grave : AUS... SI... TÔT... DEUX... LIONS... SE... PRÉ... CI... PI... TÈ... RENT... SUR... LUI... ET... LE... DÉ... VO... RÈ... RENT... C'est à ce moment que j'entrai... Les lions de saint Irénée se précipitant dans la chambre n'y auraient pas produit plus de stupeur que moi. Un vrai coup de théâtre ! La petite pousse un cri, le gros livre tombe, les canaris, les mouches se réveillent, la pendule sonne, le vieux se dresse en sursaut, tout effaré, et moi-même, un peu troublé, je m'arrête sur le seuil en criant bien fort :

— Bonjour, braves gens! je suis l'ami de Maurice.

Oh! alors, si vous l'aviez vu, le pauvre vieux, si vous l'aviez vu venir vers moi les bras tendus, m'embrasser, me serrer les mains, courir égaré dans la chambre, en faisant :

— Mon Dieu! mon Dieu!...

Toutes les rides de son visage riaient. Il était rouge. Il bégayait :

— Ah! monsieur... ah! monsieur...

Puis il allait vers le fond en appelant :

— Mamette!

Une porte qui s'ouvre, un trot de souris dans le couloir... C'était Mamette. Rien de joli comme cette petite vieille avec son bonnet à coque, sa robe carmélite, et son mouchoir brodé qu'elle tenait à la main pour me faire honneur, à l'ancienne mode... Chose attendrissante! ils se ressemblaient. Avec un tour et des coques jaunes, il aurait pu s'appeler Mamette, lui aussi. Seulement la vraie Mamette avait dû beaucoup pleurer dans sa vie, et elle était encore plus ridée que l'autre. Comme l'autre aussi, elle avait près d'elle une enfant de l'orphelinat, petite garde en pèlerine bleue, qui ne la quittait jamais; et de voir ces vieillards protégés par ces orphelines, c'était ce qu'on peut imaginer de plus touchant.

En entrant, Mamette avait commencé par me faire une grande révérence, mais d'un mot le vieux lui coupa sa révérence en deux :

— C'est l'ami de Maurice...

Aussitôt la voilà qui tremble, qui pleure, perd son mouchoir, qui devient rouge, toute rouge, encore plus rouge que lui... Ces vieux! ça n'a qu'une goutte de sang dans les veines, et à la moindre émotion elle leur saute au visage...

— Vite, vite, une chaise... dit la vieille à sa petite.

— Ouvre les volets... crie le vieux à la sienne.

Et, me prenant chacun par une main, ils m'emme-

nèrent en trottinant jusqu'à la fenêtre, qu'on a ouverte
toute grande pour mieux me voir. On approche les fauteuils, je m'installe entre les deux sur un pliant, les
petites bleues derrière nous, et l'interrogatoire commence :

— Comment va-t-il ? Qu'est-ce qu'il fait ? Pourquoi
ne vient-il pas ? Est-ce qu'il est content ?...

Et patati ! et patata ! Comme cela pendant des heures.

Moi, je répondais de mon mieux à toutes leurs questions, donnant sur mon ami les détails que je savais,
inventant effrontément ceux que je ne savais pas, me
gardant surtout d'avouer que je n'avais jamais remarqué si ses fenêtres fermaient bien ou de quelle couleur
était le papier de sa chambre.

— Le papier de sa chambre !... Il est bleu, madame,
bleu clair, avec des guirlandes...

— Vraiment ? faisait la pauvre vieille attendrie ; et
elle ajoutait en se tournant vers son mari : C'est un si
brave enfant !

— Oh ! oui, c'est un brave enfant ! reprenait l'autre
avec enthousiasme.

Et, tout le temps que je parlais, c'étaient entre eux
des hochements de tête, de petits rires fins, des cligne-
ments d'yeux, des airs entendus, ou bien encore le
vieux qui se rapprochait pour me dire :

— Parlez plus fort... Elle a l'oreille un peu dure.

Et elle de son côté :

— Un peu plus haut, je vous prie !... Il n'entend pas
très bien...

Alors j'élevais la voix ; et tous deux me remerciaient
d'un sourire ; et dans ces sourires fanés qui se penchaient
vers moi, cherchant jusqu'au fond de mes yeux l'image
de leur Maurice, moi, j'étais tout ému de la retrouver
cette image, vague, voilée, presque insaisissable, comme
si je voyais mon ami me sourire, très loin, dans un
brouillard.

Tout à coup le vieux se dresse sur son fauteuil :

— Mais j'y pense, Mamette..., il n'a peut-être pas déjeuné !

Et Mamette, effarée, les bras au ciel :

— Pas déjeuné !... Grand Dieu !

Je croyais qu'il s'agissait encore de Maurice, et j'allais répondre que ce brave enfant n'attendait jamais plus tard que midi pour se mettre à table. Mais non, c'était bien de moi qu'on parlait ; et il faut voir quel branle-bas quand j'avouai que j'étais encore à jeun :

— Vite le couvert, petites bleues ! La table au milieu de la chambre, la nappe du dimanche, les assiettes à fleurs. Et ne rions pas tant, s'il vous plaît ! et dépêchons-nous...

Je crois bien qu'elles se dépêchaient. A peine le temps de casser trois assiettes le déjeuner se trouva servi.

— Un bon petit déjeuner ! me disait Mamette en me conduisant à table ; seulement vous serez tout seul... Nous autres, nous avons déjà mangé ce matin.

Ces pauvres vieux ! à quelque heure qu'on les prenne, ils ont toujours mangé le matin.

Le bon petit déjeuner de Mamette, c'était deux doigts de lait, des dattes et une *barquette*, quelque chose comme un échaudé ; de quoi la nourrir elle et ses canaris au moins pendant huit jours... Et dire qu'à moi seul je vins à bout de toutes ces provisions !... Aussi quelle indignation autour de la table ! Comme les petites bleues chuchotaient en se poussant du coude, et là-bas, au fond de leur cage, comme les canaris avaient l'air de se dire : « Oh ! ce monsieur qui mange toute la *barquette !* »

Je la mangeai toute, en effet, et presque sans m'en apercevoir, occupé que j'étais à regarder autour de moi dans cette chambre claire et paisible où flottait comme une odeur de choses anciennes... Il y avait

surtout deux petits lits dont je ne pouvais pas détacher
mes yeux. Ces lits, presque deux berceaux, je me les
figurais le matin, au petit jour, quand ils sont encore
enfouis sous leurs grands rideaux à franges. Trois heures
sonnent. C'est l'heure où tous les vieux se réveillent :

— Tu dors, Mamette ?

— Non, mon ami.

— N'est-ce pas que Maurice est un brave enfant ?

— Oh! oui c'est un brave enfant.

Et j'imaginais comme cela toute une causerie, rien
que pour avoir vu ces deux petits lits de vieux, dressés
l'un à côté de l'autre...

Pendant ce temps, un drame terrible se passait à
l'autre bout de la chambre, devant l'armoire. Il s'agissait d'atteindre là-haut, sur le dernier rayon, certain
bocal de cerises à l'eau-de-vie qui attendait Maurice
depuis dix ans et dont on voulait me faire l'ouverture.
Malgré les supplications de Mamette, le vieux avait
tenu à aller chercher ses cerises lui-même; et, monté
sur une chaise au grand effroi de sa femme, il essayait
d'arriver là-haut... Vous voyez le tableau d'ici, le
vieux qui tremble et qui se hisse, les petites bleues
cramponnées à sa chaise, Mamette derrière lui haletante,
les bras tendus, et sur tout cela un léger parfum de
bergamote qui s'exhale de l'armoire ouverte et des
grandes piles de linge roux... C'était charmant.

Enfin, après bien des efforts, on parvint à le tirer de
l'armoire, ce fameux bocal, et avec lui une vieille timbale d'argent toute bosselée, la timbale de Maurice
quand il était petit. On me la remplit de cerises jusqu'au
bord, Maurice les aimait tant, les cerises! Et tout en
me servant, le vieux me disait à l'oreille d'un air de
gourmandise :

— Vous êtes bien heureux, vous, de pouvoir en manger!... C'est ma femme qui les a faites... Vous allez
goûter quelque chose de bon.

Hélas sa femme les avait faites, mais elle avait oublié

de les sucrer. Que voulez-vous ? on devient distrait en vieillissant. Elles étaient atroces, vos cerises, ma pauvre Mamette... Mais cela ne m'empêcha pas de les manger jusqu'au bout, sans sourciller.

Le repas terminé, je me levai pour prendre congé de mes hôtes. Ils auraient bien voulu me garder encore un peu pour causer du brave enfant, mais le jour baissait, le moulin était loin, il fallait partir.

Le vieux s'était levé en même temps que moi.

— Mamette, mon habit!... Je veux le conduire jusqu'à la place.

Bien sûr qu'au fond d'elle-même Mamette trouvait qu'il faisait déjà un peu frais pour me conduire jusqu'à la place; mais elle n'en laissa rien paraître. Seulement, pendant qu'elle l'aidait à passer les manches de son habit, un bel habit tabac d'Espagne à boutons de nacre, j'entendais la chère créature qui lui disait doucement :

— Tu ne rentreras pas trop tard, n'est-ce pas ?

Et lui, d'un petit air malin :

— Hé! hé!... je ne sais pas... peut-être...

Là-dessus, ils se regardaient en riant, et les petites bleues riaient de les voir rire, et dans leur coin les canaris riaient aussi à leur manière... Entre nous, je crois que l'odeur des cerises les avait tous un peu grisés.

... La nuit tombait, quand nous sortîmes, le grand-père et moi. La petite bleue nous suivait de loin pour le ramener; mais lui ne la voyait pas, et il était tout fier de marcher à mon bras, comme un homme. Mamette, rayonnante, voyait cela du pas de sa porte, et elle avait en nous regardant de jolis hochements de tête qui semblaient dire : « Tout de même, mon pauvre homme!... il marche encore. »

BALLADES EN PROSE

En ouvrant ma porte ce matin, il y avait autour de mon moulin un grand tapis de gelée blanche. L'herbe luisait et craquait comme du verre; toute la colline grelottait... Pour un jour ma chère Provence s'était déguisée en pays du Nord; et c'est parmi les pins frangés de givre, les touffes de lavandes épanouies en bouquets de cristal, que j'ai écrit ces deux ballades d'une fantaisie un peu germanique, pendant que la gelée m'envoyait ses étincelles blanches, et que là-haut, dans le ciel clair, de grands triangles de cigognes venues du pays de Henri Heine descendaient vers la Camargue en criant : « Il fait froid... froid... froid. »

I

LA MORT DU DAUPHIN

Le petit Dauphin est malade, le petit Dauphin va mourir... Dans toutes les églises du royaume, le Saint-Sacrement demeure exposé nuit et jour et de grands cierges brûlent pour la guérison de l'enfant royal. Les rues de la vieille résidence sont tristes et silencieuses, les cloches ne sonnent plus, les voitures vont au pas... Aux abords du palais, les bourgeois curieux regardent, à travers les grilles, des suisses à bedaines dorées qui causent dans les cours d'un air important.

Tout le château est en émoi... Des chambellans, des majordomes, montent et descendent en courant les escaliers de marbre... Les galeries sont pleines de pages et de courtisans en habits de soie qui vont d'un groupe à l'autre quêter des nouvelles à voix basse... Sur les larges perrons, les dames d'honneur éplorées se font de grandes révérences en essuyant leurs yeux avec de jolis mouchoirs brodés.

Dans l'Orangerie, il y a nombreuse assemblée de médecins en robe. On les voit, à travers les vitres, agiter leurs longues manches noires et incliner doctoralement leurs perruques à marteaux... Le gouverneur et l'écuyer du petit Dauphin se promènent devant la porte, attendant les décisions de la Faculté. Des marmitons passent à côté d'eux sans les saluer. M. l'écuyer jure comme un païen, M. le gouverneur récite des vers d'Horace... Et pendant ce temps-là, là-bas, du côté des écuries, on entend un long hennissement plaintif. C'est l'alezan du petit Dauphin que les palefreniers oublient et qui appelle tristement devant sa mangeoire vide.

Et le roi ? Où est monseigneur le roi ?... Le roi s'est enfermé tout seul dans une chambre, au bout du château... Les Majestés n'aiment pas qu'on les voie pleurer... Pour la reine, c'est autre chose... Assise au chevet du petit Dauphin, elle a son beau visage baigné de larmes, et sanglote bien haut devant tous, comme ferait une drapière.

Dans sa couchette de dentelles, le petit Dauphin, plus blanc que les coussins sur lesquels il est étendu, repose, les yeux fermés. On croit qu'il dort ; mais non. Le petit Dauphin ne dort pas... Il se retourne vers sa mère, et, voyant qu'elle pleure, il lui dit :

— Madame la reine, pourquoi pleurez-vous ? Est-ce que vous croyez bonnement que je m'en vas mourir ?

La reine veut répondre. Les sanglots l'empêchent de parler.

— Ne pleurez donc pas, madame la reine; vous oubliez que je suis le Dauphin, et que les Dauphins ne peuvent pas mourir ainsi...

La reine sanglote encore plus fort, et le petit Dauphin commence à s'effrayer.

— Holà, dit-il, je ne veux pas que la mort vienne me prendre, et je saurai bien l'empêcher d'arriver jusqu'ici... Qu'on fasse venir sur l'heure quarante lansquenets très forts pour monter la garde autour de notre lit!... Que cent gros canons veillent nuit et jour, mèche allumée, sous nos fenêtres! Et malheur à la mort, si elle ose s'approcher de nous!...

Pour complaire à l'enfant royal, la reine fait un signe. Sur l'heure, on entend les gros canons qui roulent dans la cour; et quarante grands lansquenets, la pertuisane au poing, viennent se ranger autour de la chambre. Ce sont de vieux soudards à moustaches grises. Le petit Dauphin bat des mains en les voyant. Il en reconnaît un et l'appelle :

— Lorrain! Lorrain!

Le soudard fait un pas vers le lit :

— Je t'aime bien, mon vieux Lorrain... Fais voir un peu ton grand sabre... Si la mort veut me prendre, il faudra la tuer, n'est-ce pas ?

Lorrain répond :

— Oui, monseigneur...

Et il a deux grosses larmes qui coulent sur ses joues tannées.

A ce moment, l'aumônier s'approche du petit Dauphin et lui parle longtemps à voix basse en lui montrant un crucifix. Le petit Dauphin l'écoute d'un air fort étonné, puis tout à coup l'interrompant :

— Je comprends bien ce que vous me dites, monsieur l'abbé; mais enfin est-ce que mon petit ami Beppo ne pourrait pas mourir à ma place, en lui donnant beaucoup d'argent ?

L'aumônier continue à lui parler à voix basse, et le petit Dauphin a l'air de plus en plus étonné.

Quand l'aumônier a fini, le petit Dauphin reprend avec un gros soupir :

— Tout ce que vous me dites là est bien triste, monsieur l'abbé; mais une chose me console, c'est que là-haut, dans le paradis des étoiles, je vais être encore le Dauphin... Je sais que le bon Dieu est mon cousin et ne peut pas manquer de me traiter selon mon rang.

Puis il ajoute, en se tournant vers sa mère :

— Qu'on m'apporte mes plus beaux habits, mon pourpoint d'hermine blanche et mes escarpins de velours! Je veux me faire brave pour les anges et entrer au paradis en costume de Dauphin.

Une troisième fois, l'aumônier se penche vers le petit Dauphin et lui parle longuement à voix basse... Au milieu de son discours, l'enfant royal l'interrompt avec colère :

— Mais alors, crie-t-il, d'être Dauphin, ce n'est rien du tout!

Et, sans vouloir plus rien entendre, le petit Dauphin se tourne vers la muraille, et il pleure amèrement.

II

LE SOUS-PRÉFET AUX CHAMPS

M. le sous-préfet est en tournée. Cocher devant, laquais derrière, la calèche de la sous-préfecture l'emporte majestueusement au concours régional de la Combe-aux-Fées. Pour cette journée mémorable, M. le sous-préfet a mis son bel habit brodé, son petit claque, sa culotte collante à bandes d'argent et son épée de gala à poignée de nacre... Sur ses genoux repose une grande serviette en chagrin gaufré qu'il regarde tristement.

M. le sous-préfet regarde tristement sa serviette en chagrin gaufré; il songe au fameux discours qu'il va falloir prononcer tout à l'heure devant les habitants de la Combe-aux-Fées :

— Messieurs et chers administrés...

Mais il a beau tortiller la soie blonde de ses favoris et répéter vingt fois de suite :

— Messieurs et chers administrés... la suite du discours ne vient pas.

La suite du discours ne vient pas... Il fait si chaud dans cette calèche!... A perte de vue, la route de la Combe-aux-Fées poudroie sous le soleil du Midi... L'air est embrasé... et sur les ormeaux du bord du chemin, tout couverts de poussière blanche, des milliers de cigales se répondent d'un arbre à l'autre... Tout à coup M. le sous-préfet tressaille. Là-bas, au pied d'un coteau, il vient d'apercevoir un petit bois de chênes verts qui semble lui faire signe.

Le petit bois de chênes verts semble lui faire signe :

— Venez donc par ici, monsieur le sous-préfet; pour composer votre discours, vous serez beaucoup mieux sous mes arbres...

M. le sous-préfet est séduit; il saute à bas de sa calèche, et dit à ses gens de l'attendre, qu'il va composer son discours dans le petit bois de chênes verts.

Dans le petit bois de chênes verts il y a des oiseaux, des violettes, et des sources sous l'herbe fine... Quand ils ont aperçu M. le sous-préfet avec sa belle culotte et sa serviette en chagrin gaufré, les oiseaux ont eu peur et se sont arrêtés de chanter, les sources n'ont plus osé faire de bruit, et les violettes se sont cachées dans le gazon... Tout ce petit monde-là n'a jamais vu de sous-préfet, et se demande à voix basse quel est ce beau seigneur qui se promène en culotte d'argent.

A voix basse, sous la feuillée, on se demande quel

est ce beau seigneur en culotte d'argent... Pendant ce temps-là, M. le sous-préfet, ravi du silence et de la fraîcheur du bois, relève les pans de son habit, pose son claque sur l'herbe et s'assied dans la mousse au pied d'un jeune chêne; puis il ouvre sur ses genoux sa grande serviette de chagrin gaufré et en tire une large feuille de papier ministre.

— C'est un artiste! dit la fauvette.

— Non, dit le bouvreuil, ce n'est pas un artiste, puisqu'il a une culotte en argent; c'est plutôt un prince.

— C'est plutôt un prince, dit le bouvreuil.

— Ni un artiste, ni un prince, interrompt un vieux rossignol, qui a chanté toute une saison dans les jardins de la sous-préfecture... Je sais ce que c'est : c'est un sous-préfet!

Et tout le petit bois va chuchotant :

— C'est un sous-préfet! c'est un sous-préfet!

— Comme il est chauve! remarque une alouette à grande huppe.

Les violettes demandent :

— Est-ce que c'est méchant ?

— Est-ce que c'est méchant? demandent les violettes.

Le vieux rossignol répond :

— Pas du tout!

Et sur cette assurance, les oiseaux se remettent à chanter, les sources à courir, les violettes à embaumer, comme si le monsieur n'était pas là... Impassible au milieu de tout ce joli tapage, M. le sous-préfet invoque dans son cœur la Muse des comices agricoles, et, le crayon levé, commence à déclamer de sa voix de cérémonie :

— Messieurs et chers administrés...

— Messieurs et chers administrés, dit le sous-préfet de sa voix de cérémonie...

Un éclat de rire l'interrompt; il se retourne et ne voit rien qu'un gros pivert qui le regarde en riant, perché sur son claque. Le sous-préfet hausse les épaules et veut continuer son discours; mais le pivert l'interrompt encore et lui crie de loin :

— A quoi bon ?

— Comment! à quoi bon ? dit le sous-préfet, qui devient tout rouge; et, chassant d'un geste cette bête effrontée, il reprend de plus belle :

— Messieurs et chers administrés...

— Messieurs et chers administrés..., a repris le sous-préfet de plus belle.

Mais alors, voilà les petites violettes qui se haussent vers lui sur le bout de leurs tiges et qui lui disent doucement :

— Monsieur le sous-préfet, sentez-vous comme nous sentons bon ?

Et les sources lui font sous la mousse une musique divine; et dans les branches, au-dessus de sa tête, des tas de fauvettes viennent lui chanter leurs plus jolis airs; et tout le petit bois conspire pour l'empêcher de composer son discours.

Tout le petit bois conspire pour l'empêcher de composer son discours... M. le sous-préfet, grisé de parfums, ivre de musique, essaye vainement de résister au nouveau charme qui l'envahit. Il s'accoude sur l'herbe, dégrafe son bel habit, balbutie encore deux ou trois fois :

— Messieurs et chers administrés... Messieurs et chers admi... Messieurs et chers...

Puis il envoie les administrés au diable; et la Muse des comices agricoles n'a plus qu'à se voiler la face.

Voile-toi la face, ô Muse des comices agricoles!... Lorsque, au bout d'une heure, les gens de la sous-préfecture, inquiets de leur maître, sont entrés dans le petit bois, ils ont vu un spectacle qui les a fait reculer d'horreur... M. le sous-préfet était couché sur le ventre, dans l'herbe, débraillé comme un bohème. Il avait mis son habit bas;... et, tout en mâchonnant des violettes, M. le sous-préfet faisait des vers.

LE PORTEFEUILLE DE BIXIOU

Un matin du mois d'octobre, quelques jours avant de quitter Paris, je vis arriver chez moi, — pendant que je déjeunais, — un vieil homme en habit râpé, cagneux, crotté, l'échine basse, grelottant sur ses longues jambes comme un échassier déplumé. C'était Bixiou. Oui, Parisiens, votre Bixiou, le féroce et charmant Bixiou, ce railleur enragé qui vous a tant réjouis depuis quinze ans avec ses pamphlets et ses caricatures... Ah! le malheureux, quelle détresse! Sans une grimace qu'il fit en entrant, jamais je ne l'aurais reconnu.

La tête inclinée sur l'épaule, sa canne aux dents comme une clarinette, l'illustre et lugubre farceur s'avança jusqu'au milieu de la chambre et vint se jeter contre ma table en disant d'une voix dolente :

— Ayez pitié d'un pauvre aveugle!...

C'était si bien imité que je ne pus m'empêcher de rire. Mais lui, très froidement :

— Vous croyez que je plaisante... regardez mes yeux.

Et il tourna vers moi deux grandes prunelles blanches sans regard.

— Je suis aveugle, mon cher, aveugle pour la vie... Voilà ce que c'est que d'écrire avec du vitriol. Je me suis brûlé les yeux à ce joli métier; mais là, brûlé à fond... jusqu'aux bobèches! ajouta-t-il en me montrant ses paupières calcinées où ne restait plus l'ombre d'un cil.

J'étais si ému que je ne trouvai rien à lui dire. Mon silence l'inquiéta.

— Vous travaillez ?

— Non, Bixiou, je déjeune. Voulez-vous en faire autant ?

Il ne répondit pas, mais au frémissement de ses narines, je vis bien qu'il mourait d'envie d'accepter. Je le pris par la main, et je le fis asseoir près de moi.

Pendant qu'on le servait, le pauvre diable flairait la table avec un petit rire :

— Ça a l'air bon tout ça. Je vais me régaler ; il y a si longtemps que je ne déjeune plus ! Un pain d'un sou tous les matins, en courant les ministères... car, vous savez, je cours les ministères, maintenant ; c'est ma seule profession. J'essaye d'accrocher un bureau de tabac... Qu'est-ce que vous voulez ? il faut qu'on mange à la maison. Je ne peux plus dessiner ; je ne peux plus écrire... Dicter ?... Mais quoi ?... Je n'ai rien dans la tête, moi ; je n'invente rien. Mon métier, c'était de voir les grimaces de Paris et de les faire ; à présent il n'y a plus moyen... Alors j'ai pensé à un bureau de tabac ; pas sur les boulevards, bien entendu. Je n'ai pas droit à cette faveur, n'étant ni mère de danseuse, ni veuve d'officier supérieur. Non ! simplement un petit bureau de province, quelque part bien loin, dans un coin des Vosges. J'aurai une forte pipe en porcelaine ; je m'appellerai Hans ou Zébédé, comme dans Erckmann-Chatrian, et je me consolerai de ne plus écrire en faisant des cornets de tabac avec les œuvres de mes contemporains.

« Voilà tout ce que je demande. Pas grand-chose, n'est-ce pas ?... Eh bien, c'est le diable pour y arriver... Pourtant les protections ne devraient pas me manquer. J'étais très lancé autrefois. Je dînais chez le maréchal, chez le prince, chez les ministres ; tous ces gens-là voulaient m'avoir parce que je les amusais ou qu'ils avaient peur de moi. A présent, je ne fais plus peur à personne.

O mes yeux! mes pauvres yeux! Et l'on ne m'invite
nulle part. C'est si triste une tête d'aveugle à table...
Passez-moi le pain, je vous prie... Ah! les bandits! ils
me l'auront fait payer cher ce malheureux bureau de
tabac. Depuis six mois, je me promène dans tous les
ministères avec ma pétition. J'arrive le matin, à l'heure
où l'on allume les poêles et où l'on fait faire un tour
aux chevaux de Son Excellence sur le sable de la cour;
je ne m'en vais qu'à la nuit, quand on apporte les
grosses lampes et que les cuisines commencent à sentir bon...

« Toute ma vie se passe sur les coffres à bois des anti-
chambres. Aussi les huissiers me connaissent, allez!
A l'Intérieur, ils m'appellent : « Ce bon monsieur! » Et
moi, pour gagner leur protection, je fais des calembours,
ou je dessine d'un trait sur un coin de leurs buvards de
grosses moustaches qui les font rire... Voilà où j'en suis
arrivé après vingt ans de succès tapageurs, voilà la fin
d'une vie d'artiste!... Et dire qu'ils sont en France
quarante mille galopins à qui notre profession fait
venir l'eau à la bouche! Dire qu'il y a tous les jours,
dans les départements, une locomotive qui chauffe pour
nous apporter des panerées d'imbéciles affamés de littérature et de bruit imprimé!... Ah! province romanesque,
si la misère de Bixiou pouvait te servir de leçon! »

Là-dessus il se fourra le nez dans son assiette et se mit
à manger avidement, sans dire un mot... C'était pitié de
le voir faire. A chaque minute, il perdait son pain, sa
fourchette, tâtonnait pour trouver son verre... Pauvre
homme! il n'avait pas encore l'habitude.

Au bout d'un moment, il reprit :
— Savez-vous ce qu'il y a encore de plus horrible
pour moi ? C'est de ne plus pouvoir lire mes journaux.
Il faut être du métier pour comprendre cela... Quelquefois le soir, en rentrant, j'en achète un, rien que pour
sentir cette odeur de papier humide et de nouvelles

fraîches... C'est si bon! et personne pour me les lire!
Ma femme pourrait bien, mais elle ne veut pas : elle
prétend qu'on trouve dans les faits divers des choses
qui ne sont pas convenables... Ah! ces anciennes maî-
tresses, une fois mariées, il n'y a pas plus bégueules
qu'elles. Depuis que j'en ai fait Mme Bixiou, celle-là
s'est crue obligée de devenir bigote, mais à un point!...
Est-ce qu'elle ne voulait pas me faire frictionner les
yeux avec l'eau de la Salette! Et puis, le pain bénit, les
quêtes, la Sainte-Enfance, les petits Chinois, que sais-je
encore ?... Nous sommes dans les bonnes œuvres
jusqu'au cou... Ce serait cependant une bonne œuvre
de me lire mes journaux. Eh bien, non, elle ne veut
pas... Si ma fille était chez nous, elle me les lirait, elle ;
mais, depuis que je suis aveugle, je l'ai fait entrer à
Notre-Dame-des-Arts, pour avoir une bouche de moins
à nourrir...

« Encore une qui me donne de l'agrément, celle-là!
Il n'y a pas neuf ans qu'elle est au monde, elle a déjà
eu toutes les maladies... Et triste! et laide! plus laide
que moi, si c'est possible... un monstre!... Que voulez-
vous ? je n'ai jamais su faire que des charges... Ah ça,
mais je suis bon, moi, de vous raconter mes histoires de
famille. Qu'est-ce que cela peut vous faire à vous ?...
Allons, donnez-moi encore un peu de cette eau-de-vie.
Il faut que je me mette en train. En sortant d'ici je vais à
l'Instruction publique, et les huissiers n'y sont pas
faciles à dérider. C'est tous d'anciens professeurs.

Je lui versai son eau-de-vie. Il commença à la dégus-
ter par petites fois, d'un air attendri... Tout à coup, je
ne sais quelle fantaisie le piquant, il se leva, son verre
à la main, promena un instant autour de lui sa tête
de vipère aveugle, avec le sourire aimable du monsieur
qui va parler, puis, d'une voix stridente, comme pour
haranguer un banquet de deux cents couverts :

— Aux arts! Aux lettres! A la presse!

Et le voilà parti sur un toast de dix minutes, la plus

folle et la plus merveilleuse improvisation qui soit
jamais sortie de cette cervelle de pitre.

Figurez-vous une revue de fin d'année intitulée : le
Pavé des lettres en 186* ; nos assemblées soi-disant littéraires, nos papotages, nos querelles, toutes les cocasse-
ries d'un monde excentrique, fumier d'encre, enfer sans
grandeur, où l'on s'égorge, où l'on s'étripe, où l'on se
détrousse, où l'on parle intérêts et gros sous bien plus
que chez les bourgeois, ce qui n'empêche pas qu'on y
meure de faim plus qu'ailleurs; toutes nos lâchetés,
toutes nos misères; le vieux baron T... de la Tombola
s'en allant faire « gna... gna... gna... » aux Tuileries
avec sa sébile et son habit barbeau; puis nos morts de
l'année, les enterrements à réclames, l'oraison funèbre
de monsieur le délégué toujours la même : « Cher et
regretté! pauvre cher! » à un malheureux dont on
refuse de payer la tombe; et ceux qui se sont suicidés,
et ceux qui sont devenus fous; figurez-vous tout cela,
raconté, détaillé, gesticulé par un grimacier de génie,
vous aurez alors une idée de ce que fut l'improvisation
de Bixiou.

Son toast fini, son verre bu, il me demanda l'heure
et s'en alla, d'un air farouche, sans me dire adieu...
J'ignore comment les huissiers de M. Duruy se trou-
vèrent de sa visite ce matin-là; mais je sais bien que
jamais de ma vie je ne me suis senti si triste, si mal en
train qu'après le départ de ce terrible aveugle. Mon
encrier m'écœurait, ma plume me faisait horreur.
J'aurais voulu m'en aller loin, courir, voir des arbres,
sentir quelque chose de bon... Quelle haine, grand
Dieu! que de fiel! quel besoin de baver, sur tout, de
tout salir! Ah! le misérable...

Et j'arpentais ma chambre avec fureur, croyant toujours entendre le ricanement de dégoût qu'il avait eu
en me parlant de sa fille.

Tout à coup, près de la chaise où l'aveugle s'était

assis, je sentis quelque chose rouler sous mon pied. En me baissant, je reconnus son portefeuille, un gros portefeuille luisant, à coins cassés, qui ne le quitte jamais et qu'il appelle en riant sa poche à venin. Cette poche, dans notre monde, était aussi renommée que les fameux cartons de M. de Girardin. On disait qu'il y avait des choses terribles là-dedans... L'occasion se présentait belle pour m'en assurer. Le vieux portefeuille, trop gonflé, s'était crevé en tombant, et tous les papiers avaient roulé sur le tapis ; il me fallut les ramasser l'un après l'autre...

Un paquet de lettres écrites sur du papier à fleurs, commençant toutes : *Mon cher papa*, et signées : *Céline Bixiou des Enfants de Marie.*

D'anciennes ordonnances pour des maladies d'enfants : croup, convulsions, scarlatine, rougeole... (la pauvre petite n'en avait pas échappé une !)

Enfin une grande enveloppe cachetée d'où sortaient, comme d'un bonnet de fillette, deux ou trois crins jaunes tout frisés; et sur l'enveloppe, en grosse écriture tremblée, une écriture d'aveugle :

Cheveux de Céline, coupés le 13 mai, le jour de son entrée là-bas.

Voilà ce qu'il y avait dans le portefeuille de Bixiou.

Allons, Parisiens, vous êtes tous les mêmes. Le dégoût, l'ironie, un rire infernal, des blagues féroces, et puis pour finir :... *Cheveux de Céline coupés le 13 mai.*

LA LÉGENDE DE L'HOMME
A LA CERVELLE D'OR

En lisant votre lettre, madame, j'ai eu comme un remords. Je m'en suis voulu de la couleur un peu trop demi-deuil de mes historiettes, et je m'étais promis de vous offrir aujourd'hui quelque chose de joyeux, de follement joyeux.

Pourquoi serais-je triste, après tout ? Je vis à mille lieues des brouillards parisiens, sur une colline lumineuse, dans le pays des tambourins et du vin muscat. Autour de chez moi tout n'est que soleil et musique; j'ai des orchestres de culs-blancs, des orphéons de mésanges; le matin, les courlis qui font : « Coureli! coureli! » à midi, les cigales, puis les pâtres qui jouent du fifre, et les belles filles brunes qu'on entend rire dans les vignes... En vérité, l'endroit est mal choisi pour broyer du noir; je devrais plutôt expédier aux dames des poèmes couleur de rose et des pleins paniers de contes galants.

Eh bien, non! je suis encore trop près de Paris. Tous les jours, jusque dans mes pins il m'envoie les éclaboussures de ses tristesses... A l'heure même où j'écris ces lignes, je viens d'apprendre la mort misérable du pauvre Charles Barbara; et mon moulin en est tout en deuil. Adieu les courlis et les cigales! Je n'ai plus le cœur à rien de gai... Voilà pourquoi, madame, au lieu

du joli conte badin que je m'étais promis de vous faire,
vous n'aurez encore aujourd'hui qu'une légende mélancolique.

Il était une fois un homme qui avait une cervelle
d'or; oui, madame, une cervelle toute en or. Lorsqu'il
vint au monde, les médecins pensaient que cet enfant
ne vivrait pas, tant sa tête était lourde et son crâne
démesuré. Il vécut cependant et grandit au soleil comme
un beau plant d'olivier; seulement sa grosse tête l'en-
traînait toujours, et c'était pitié de le voir se cogner à
tous les meubles en marchant... Il tombait souvent.
Un jour, il roula du haut d'un perron et vint donner
du front contre un degré de marbre, où son crâne
sonna comme un lingot. On le crut mort; mais, en le
relevant, on ne lui trouva qu'une légère blessure, avec
deux ou trois gouttelettes d'or caillées dans ses cheveux
blonds. C'est ainsi que les parents apprirent que l'enfant avait une cervelle en or.

La chose fut tenue secrète; le pauvre petit lui-même
ne se douta de rien. De temps en temps, il demandait
pourquoi on ne le laissait plus courir devant la porte
avec les garçonnets de la rue.

— On vous volerait, mon beau trésor! lui répondait
sa mère...

Alors le petit avait grand-peur d'être volé; il retournait jouer tout seul, sans rien dire, et se trimbalait
lourdement d'une salle à l'autre...

A dix-huit ans seulement, ses parents lui révélèrent
le don monstrueux qu'il tenait du destin; et, comme ils
l'avaient élevé et nourri jusque-là, ils lui demandèrent
en retour un peu de son or. L'enfant n'hésita pas; sur
l'heure même, — comment? par quels moyens? la
légende ne l'a pas dit, — il s'arracha du crâne un morceau d'or massif, un morceau gros comme une noix,
qu'il jeta fièrement sur les genoux de sa mère... Puis
tout ébloui des richesses qu'il portait dans la tête, fou

de désirs, ivre de sa puissance, il quitta la maison pater-
nelle et s'en alla par le monde en gaspillant son trésor.

Du train dont il menait sa vie, royalement, et semant
l'or sans compter, on aurait dit que sa cervelle était
inépuisable... Elle s'épuisait cependant, et à mesure on
pouvait voir les yeux s'éteindre, la joue devenir plus
creuse. Un jour enfin, au matin d'une débauche folle,
le malheureux, resté seul parmi les débris du festin et les
lustres qui pâlissaient, s'épouvanta de l'énorme brèche
qu'il avait déjà faite à son lingot ; il était temps de
s'arrêter.

Dès lors, ce fut une existence nouvelle. L'homme à
la cervelle d'or s'en alla vivre, à l'écart, du travail de
ses mains, soupçonneux et craintif comme un avare,
fuyant les tentations, tâchant d'oublier lui-même ces
fatales richesses auxquelles il ne voulait plus toucher...
Par malheur, un ami l'avait suivi dans sa solitude, et
cet ami connaissait son secret.

Une nuit, le pauvre homme fut réveillé en sursaut par
une douleur à la tête, une effroyable douleur ; il se
dressa éperdu, et vit, dans un rayon de lune, l'ami
qui fuyait en cachant quelque chose sous son manteau...

Encore un peu de cervelle qu'on lui emportait !...

A quelque temps de là, l'homme à la cervelle d'or
devint amoureux, et cette fois tout fut fini... Il aimait
du meilleur de son âme une petite femme blonde, qui
l'aimait bien aussi, mais qui préférait encore les pompons, les plumes blanches et les jolis glands mordorés
battant le long des bottines.

Entre les mains de cette mignonne créature, — moitié
oiseau, moitié poupée, — les piécettes d'or fondaient
que c'était un plaisir. Elle avait tous les caprices ; et
lui ne savait jamais dire non ; même, de peur de la
peiner, il lui cacha jusqu'au bout le triste secret de sa
fortune.

— Nous sommes donc bien riches ? disait-elle.

Le pauvre homme répondait :

— Oh! oui... bien riches!

Et il souriait avec amour au petit oiseau bleu qui lui mangeait le crâne innocemment. Quelquefois cependant la peur le prenait, il avait des envies d'être avare ; mais alors la petite femme venait vers lui en sautillant, et lui disait :

— Mon mari, qui êtes si riche! achetez-moi quelque chose de bien cher...

Et il lui achetait quelque chose de bien cher.

Cela dura ainsi pendant deux ans ; puis, un matin, la petite femme mourut, sans qu'on sût pourquoi, comme un oiseau... Le trésor touchait à sa fin ; avec ce qui lui en restait, le veuf fit faire à sa chère morte un bel enterrement. Cloches à toute volée, lourds carrosses tendus de noir, chevaux empanachés, larmes d'argent dans le velours, rien ne lui parut trop beau. Que lui importait son or maintenant ?... Il en donna pour l'église, pour les porteurs, pour les revendeuses d'immortelles ; il en donna partout, sans marchander... Aussi, en sortant du cimetière, il ne lui restait presque plus rien de cette cervelle merveilleuse, à peine quelques parcelles aux parois du crâne.

Alors on le vit s'en aller dans les rues, l'air égaré, les mains en avant, trébuchant comme un homme ivre. Le soir, à l'heure où les bazars s'illuminent, il s'arrêta devant une large vitrine dans laquelle tout un fouillis d'étoiles et de parures reluisait aux lumières, et resta là longtemps à regarder deux bottines de satin bleu bordées de duvet de cygne. « Je sais quelqu'un à qui ces bottines feraient bien plaisir », se disait-il en souriant ; et, ne se souvenant déjà plus que la petite femme était morte, il entra pour les acheter.

Du fond de son arrière-boutique, la marchande entendit un grand cri ; elle accourut et recula de peur en voyant un homme debout, qui s'accotait au comptoir et la regardait douloureusement d'un air hébété.

Il tenait d'une main les bottines bleues à bordure de cygne, et présentait l'autre main toute sanglante, avec des raclures d'or au bout des ongles.

Telle est, madame, la légende de l'homme à la cervelle d'or.

Malgré ses airs de conte fantastique, cette légende est vraie d'un bout à l'autre... Il y a par le monde de pauvres gens qui sont condamnés à vivre de leur cerveau, et payent en bel or fin, avec leur moelle et leur substance, les moindres choses de la vie. C'est pour eux une douleur de chaque jour; et puis, quand ils sont las de souffrir...

LE POÈTE MISTRAL

Dimanche dernier, en me levant, j'ai cru me réveiller rue du Faubourg-Montmartre. Il pleuvait, le ciel était gris, le moulin triste. J'ai eu peur de passer chez moi cette froide journée de pluie, et tout de suite l'envie m'est venue d'aller me réchauffer un brin auprès de Frédéric Mistral, ce grand poète qui vit à trois lieues de mes pins, dans son petit village de Maillane.

Sitôt pensé, sitôt parti : une trique en bois de myrte, mon Montaigne, une couverture, et en route!

Personne aux champs... Notre belle Provence catholique laisse la terre se reposer le dimanche... Les chiens seuls au logis, les fermes closes... De loin en loin, une charrette de roulier avec sa bâche ruisselante, une vieille encapuchonnée dans sa mante feuille morte, des mules en tenue de gala, housse de sparterie bleue et blanche, pompons rouges, grelots d'argents, — emportant au petit trot toute une carriole de gens de *mas* qui vont à la messe; puis, là-bas, à travers la brume, une barque sur la *roubine* et un pêcheur debout qui lance son épervier...

Pas moyen de lire en route ce jour-là. La pluie tombait par torrents, et la tramontane vous la jetait à pleins seaux dans la figure... Je fis le chemin tout d'une haleine, et enfin, après trois heures de marche, j'aperçus devant moi les petits bois de cyprès au milieu desquels le pays de Maillane s'abrite de peur du vent.

Pas un chat dans les rues du village; tout le monde était à la grand-messe. Quand je passai devant l'église, le serpent ronflait, et je vis les cierges reluire à travers les vitres de couleur.

Le logis du poète est à l'extrémité du pays; c'est la dernière maison à main gauche, sur la route de Saint-Remy, — une maisonnette à un étage avec un jardin devant... J'entre doucement... Personne! La porte du salon est fermée, mais j'entends derrière quelqu'un qui marche et qui parle à haute voix... Ce pas et cette voix me sont bien connus... Je m'arrête un moment dans le petit couloir peint à la chaux, la main sur le bouton de la porte, très ému. Le cœur me bat. — Il est là. Il travaille... Faut-il attendre que la strophe soit finie ?... Ma foi! tant pis, entrons.

Ah! Parisiens, lorsque le poète de Maillane est venu chez vous montrer Paris à sa Mireille, et que vous l'avez vu dans vos salons, ce Chactas en habit de ville, avec un col droit et un grand chapeau qui le gênait autant que sa gloire, vous avez cru que c'était là Mistral... Non, ce n'était pas lui. Il n'y a qu'un Mistral au monde, celui que j'ai surpris dimanche dernier dans son village, le chaperon de feutre sur l'oreille, sans gilet, en jaquette, sa rouge taillole catalane autour des reins, l'œil allumé, le feu de l'inspiration aux pommettes, superbe avec un bon sourire, élégant comme un pâtre grec, et marchant à grands pas, les mains dans ses poches, en faisant des vers...

— Comment! c'est toi ? cria Mistral en me sautant au cou; la bonne idée que tu as eue de venir!... Tout juste aujourd'hui, c'est la fête de Maillane. Nous avons la musique d'Avignon, les taureaux, la procession, la farandole, ce sera magnifique... La mère va rentrer de la messe; nous déjeunons, et puis, zou! nous allons voir danser les jolies filles...

Pendant qu'il me parlait, je regardais avec émotion ce

petit salon à tapisserie claire, que je n'avais pas vu depuis si longtemps, et où j'ai passé déjà de si belles heures. Rien n'était changé. Toujours le canapé à carreaux jaunes, les deux fauteuils de paille, la Vénus sans bras et la Vénus d'Arles sur la cheminée, le portrait du poète par Hébert, sa photographie par Etienne Carjat, et, dans un coin, près de la fenêtre, le bureau, — un pauvre petit bureau de receveur d'enregistrement, — tout chargé de vieux bouquins et de dictionnaires. Au milieu de ce bureau, j'aperçus un gros cahier ouvert... C'était *Calendal*, le nouveau poème de Frédéric Mistral, qui doit paraître à la fin de cette année le jour de Noël. Ce poème, Mistral y travaille depuis sept ans, et voilà près de six mois qu'il en a écrit le dernier vers; pourtant, il n'ose s'en séparer encore. Vous comprenez, on a toujours une strophe à polir, une rime plus sonore à trouver... Mistral a beau écrire en provençal, il travaille ses vers comme si tout le monde devait les lire dans la langue et lui tenir compte de ses efforts de bon ouvrier... Oh! le brave poète, et que c'est bien Mistral dont Montaigne aurait pu dire : *Souvienne-vous de celuy à qui, comme on demandoit à quoy faire il se peinoit si fort en un art qui ne pouvoit venir à la cognoissance de guère des gens,* « *J'en ay assez de peu, répondit-il. J'en ay assez d'un. J'en ay assez de pas un.* »

Je tenais le cahier de *Calendal* entre mes mains, et je le feuilletais, plein d'émotion... Tout à coup une musique de fifres et de tambourins éclate dans la rue, devant la fenêtre, et voilà mon Mistral qui court à l'armoire, en tire des verres, des bouteilles, traîne la table au milieu du salon, et ouvre la porte aux musiciens en me disant :

— Ne ris pas... Ils viennent me donner l'aubade... je suis conseiller municipal.

La petite pièce se remplit de monde. On pose les tambourins sur les chaises, la vieille bannière dans un coin;

et le vin cuit circule. Puis quand on a vidé quelques bouteilles à la santé de M. Frédéric, qu'on a causé gravement de la fête, si la farandole sera aussi belle que l'an dernier, si les taureaux se comporteront bien, les musiciens se retirent et vont donner l'aubade chez les autres conseillers. A ce moment, la mère de Mistral arrive.

En un tour de main la table est dressée : un beau linge blanc et deux couverts. Je connais les usages de la maison; je sais que lorsque Mistral a du monde, sa mère ne se met pas à table... La pauvre vieille femme ne connaît que son provençal et se sentirait mal à l'aise pour causer avec des Français... D'ailleurs, on a besoin d'elle à la cuisine.

Dieu! le joli repas que j'ai fait ce matin-là : — un morceau de chevreau rôti, du fromage de montagne, de la confiture de moût, des figues, des raisins muscats. Le tout arrosé de ce bon Châteauneuf des papes qui a une si belle couleur rose dans les verres...

Au dessert, je vais chercher le cahier de poèmes, et je l'apporte sur la table devant Mistral.

— Nous avions dit que nous sortirions, fait le poète en souriant.

— Non! non!... *Calendal! Calendal!*

Mistral se résigne, et de sa voix musicale et douce, en battant la mesure de ses vers avec la main, il entame le premier chant : — *D'une fille folle d'amour,* — *à présent que j'ai dit la triste aventure,* — *je chanterai, si Dieu veut, un enfant de Cassis,* — *un pauvre petit pêcheur d'anchois...*

Au-dehors, les cloches sonnaient les vêpres, les pétards éclataient sur la place, les fifres passaient et repassaient dans les rues avec les tambourins. Les taureaux de Camargue, qu'on menait courir, mugissaient.

Moi, les coudes sur la nappe, des larmes dans les yeux, j'écoutais l'histoire du petit pêcheur provençal.

Calendal n'était qu'un pêcheur; l'amour en fait un

héros... Pour gagner le cœur de sa mie, — la belle Estérelle, — il entreprend des choses miraculeuses, et les douze travaux d'Hercule ne sont rien à côté des siens.

Une fois, s'étant mis en tête d'être riche, il a inventé de formidables engins de pêche, et ramène au port tout le poisson de la mer. Une autre fois, c'est un terrible bandit des gorges d'Ollioules, le comte Sévéran, qu'il va relancer jusque dans son aire, parmi ses coupe-jarrets et ses concubines... Quel rude gars que ce petit Calendal! Un jour, à la Sainte-Baume, il rencontre deux partis de compagnons venus là pour vider leur querelle à grands coups de compas sur la tombe de maître Jacques, un Provençal qui a fait la charpente du temple de Salomon, s'il vous plaît. Calendal se jette au milieu de la tuerie, et apaise les compagnons en leur parlant...

Des entreprises surhumaines!... Il y avait là-haut, dans les rochers de Lure, une forêt de cèdres inaccessibles, où jamais bûcheron n'osa monter. Calendal y va, lui. Il s'y installe tout seul pendant trente jours. Pendant trente jours, on entend le bruit de sa hache qui sonne en s'enfonçant dans les troncs. La forêt crie; l'un après l'autre, les vieux arbres géants tombent et roulent au fond des abîmes et quand Calendal redescend, il ne reste plus un cèdre sur la montagne...

Enfin en récompense de tant d'exploits, le pêcheur d'anchois obtient l'amour d'Estérelle, et il est nommé consul par les habitants de Cassis. Voilà l'histoire de Calendal... Mais qu'importe Calendal? Ce qu'il y a avant tout dans le poème, c'est la Provence, — la Provence de la mer, la Provence de la montagne, — avec son histoire, ses mœurs, ses légendes, ses paysages, tout un peuple naïf et libre qui a trouvé son grand poète avant de mourir... Et maintenant, tracez des chemins de fer, plantez des poteaux à télégraphes, chassez la langue provençale des écoles! La Provence vivra éternellement dans *Mireille* et dans *Calendal*.

— Assez de poésie! dit Mistral en fermant son cahier. Il faut aller voir la fête.

Nous sortîmes; tout le village était dans les rues; un grand coup de bise avait balayé le ciel, et le ciel reluisait joyeusement sur les toits rouges mouillés de pluie. Nous arrivâmes à temps pour voir rentrer la procession. Ce fut pendant une heure un interminable défilé de pénitents en cagoule, pénitents blancs, pénitents bleus, pénitents gris, confréries de filles voilées, bannières roses à fleurs d'or, grands saints de bois dédorés portés à quatre épaules, saintes de faïence coloriées comme des idoles avec des gros bouquets à la main, chapes, ostensoirs, dais de velours vert, crucifix encadrés de soie blanche, tout cela ondulant au vent dans la lumière des cierges et du soleil, au milieu des psaumes, des litanies, et des cloches qui sonnaient à toute volée.

La procession finie, les saints remisés dans leurs chapelles, nous allâmes voir les taureaux, puis les jeux sur l'aire, les luttes d'hommes, les trois sauts, l'étranglechat, le jeu de l'outre, et tout le joli train des fêtes de Provence... La nuit tombait quand nous rentrâmes à Maillane. Sur la place, devant le petit café où Mistral va faire, le soir, sa partie avec son ami Zidore, on avait allumé un grand feu de joie... La farandole s'organisait. Des lanternes de papier découpé s'allumaient partout dans l'ombre; la jeunesse prenait place; et bientôt, sur un appel des tambourins, commença autour de la flamme une ronde folle, bruyante, qui devait durer toute la nuit.

Après souper, trop las pour courir encore, nous montâmes dans la chambre de Mistral. C'est une modeste chambre de paysan, avec deux grands lits. Les murs n'ont pas de papier; les solives du plafond se voient... Il y a quatre ans, lorsque l'Académie donna à l'auteur de *Mireille* le prix de trois mille francs, Mme Mistral eut une idée.

— Si nous faisions tapisser et plafonner ta chambre ?
dit-elle à son fils.

— Non! non! répondit Mistral... Ça, c'est l'argent
des poètes, on n'y touche pas.

Et la chambre est restée toute nue; mais tant que
l'argent des poètes a duré, ceux qui ont frappé chez
Mistral ont toujours trouvé sa bourse ouverte...

J'avais emporté le cahier de *Calendal* dans la
chambre, et je voulus m'en faire lire encore un passage
avant de m'endormir. Mistral choisit l'épisode des
faïences. Le voici en quelques mots :

C'est dans un grand repas je ne sais où. On apporte
sur la table un magnifique service en faïence de Mous-
tiers. Au fond de chaque assiette, dessiné en bleu dans
l'émail, il y a un sujet provençal; toute l'histoire du
pays tient là-dedans. Aussi il faut voir avec quel
amour sont décrites ces belles faïences; une strophe
pour chaque assiette, autant de petits poèmes d'un
travail naïf et savant, achevés comme un tableautin de
Théocrite.

Tandis que Mistral me disait ses vers dans cette belle
langue provençale, plus qu'aux trois quarts latine, que
les reines ont parlée autrefois et que maintenant nos
pâtres seuls comprennent, j'admirais cet homme au-
dedans de moi, et, songeant à l'état de ruine où il a
trouvé sa langue maternelle et ce qu'il en a fait, je me
figurais un de ces vieux palais des princes des Baux
comme on en voit dans les Alpilles : plus de toits, plus
de balustres aux perrons, plus de vitraux aux fenêtres,
le trèfle des ogives cassé, le blason des portes mangé
de mousse, des poules picorant dans la cour d'honneur,
des porcs vautrés sous les fines colonnettes des galeries,
l'âne broutant dans la chapelle où l'herbe pousse, des
pigeons venant boire aux grands bénitiers remplis
d'eau de pluie, et enfin, parmi ces décombres, deux ou
trois familles de paysans qui se sont bâti des huttes dans
les flancs du vieux palais.

Puis, voilà qu'un beau jour le fils d'un de ces paysans s'éprend de ces grandes ruines et s'indigne de les voir ainsi profanées; vite, vite, il chasse le bétail hors de la cour d'honneur; et, les fées lui venant en aide, à lui tout seul il reconstruit le grand escalier, remet des boiseries aux murs, des vitraux aux fenêtres, relève les tours, redore la salle du trône, et met sur pied le vaste palais d'autre temps, où logèrent des papes et des impératrices.

Ce palais restauré, c'est la langue provençale.

Ce fils de paysan, c'est Mistral.

LES TROIS MESSES BASSES

CONTE DE NOËL

— Deux dindes truffées, Garrigou ?...

— Oui, mon révérend, deux dindes magnifiques bourrées de truffes. J'en sais quelque chose, puisque c'est moi qui ai aidé à les remplir. On aurait dit que leur peau allait craquer en rôtissant, tellement elle était tendue...

— Jésus-Maria! moi qui aime tant les truffes!... Donne-moi vite mon surplis, Garrigou... Et avec les dindes, qu'est-ce que tu as encore aperçu à la cuisine ?...

— Oh! toutes sortes de bonnes choses... Depuis midi nous n'avons fait que plumer des faisans, des huppes, des gelinottes, des coqs de bruyère. La plume en volait partout... Puis de l'étang on a apporté des anguilles, des carpes dorées, des truites, des...

— Grosses comment, les truites, Garrigou ?

— Grosses comme ça, mon révérend... Enormes!...

— Oh! Dieu! il me semble que je les vois... As-tu mis le vin dans les burettes ?

— Oui, mon révérend, j'ai mis le vin dans les burettes... Mais dame! il ne vaut pas celui que vous

boirez tout à l'heure en sortant de la messe de minuit.
Si vous voyiez cela dans la salle à manger du château,
toutes ces carafes qui flambent pleines de vins de toutes
les couleurs... Et la vaisselle d'argent, les surtouts
ciselés, les fleurs, les candélabres!... Jamais il ne se sera
vu un réveillon pareil. Monsieur le marquis a invité
tous les seigneurs du voisinage. Vous serez au moins
quarante à table, sans compter le bailli ni le tabellion...
Ah! vous êtes bien heureux d'en être, mon révérend!...
Rien que d'avoir flairé ces belles dindes, l'odeur des
truffes me suit partout... Meuh!...

    — Allons, allons, mon enfant. Gardons-nous du
péché de gourmandise, surtout la nuit de la Nativité...
Va bien vite allumer les cierges et sonner le premier
coup de la messe; car voilà que minuit est proche, et il
ne faut pas nous mettre en retard...

Cette conversation se tenait une nuit de Noël de
l'an de grâce mil six cent et tant, entre le révérend dom
Balaguère, ancien prieur des Barnabites, présentement
chapelain gagé des sires de Trinquelage, et son petit
clerc Garrigou, ou du moins ce qu'il croyait être le
petit clerc Garrigou, car vous saurez que le diable, ce
soir-là, avait pris la face ronde et les traits indécis du
jeune sacristain pour mieux induire le révérend père
en tentation et lui faire commettre un épouvantable
péché de gourmandise. Donc, pendant que le soi-disant
Garrigou (hum! hum!) faisait à tour de bras carillonner
les cloches de la chapelle seigneuriale, le révérend
achevait de revêtir sa chasuble dans la petite sacristie
du château; et, l'esprit déjà troublé par toutes ces des-
criptions gastronomiques, il se répétait à lui-même en
s'habillant :

    — Des dindes rôties... des carpes dorées... des truites
grosses comme ça!...

Dehors, le vent de la nuit soufflait en éparpillant la
musique des cloches, et, à mesure, des lumières apparaissaient dans l'ombre aux flancs du mont Ventoux.

en haut duquel s'élevaient les vieilles tours de Trinquelage. C'étaient des familles de métayers qui venaient
entendre la messe de minuit au château. Ils grimpaient
la côte en chantant par groupes de cinq ou six, le père
en avant, la lanterne à la main, les femmes enveloppées
dans leurs grandes mantes brunes où les enfants se
serraient et s'abritaient. Malgré l'heure et le froid, tout
ce brave peuple marchait allégrement, soutenu par
l'idée qu'au sortir de la messe il y aurait, comme tous
les ans, table mise pour eux en bas dans les cuisines.
De temps en temps, sur la rude montée, le carrosse
d'un seigneur précédé de porteurs de torches, faisait
miroiter ses glaces au clair de lune, ou bien une mule
trottait en agitant ses sonnailles, et à la lueur des falots
enveloppés de brume, les métayers reconnaissaient leur
bailli et le saluaient au passage :

— Bonsoir, bonsoir, maître Arnoton!
— Bonsoir, bonsoir, mes enfants!

La nuit était claire, les étoiles avivées de froid; la
bise piquait, et un fin grésil, glissant sur les vêtements
sans les mouiller, gardait fidèlement la tradition des
Noëls blancs de neige. Tout en haut de la côte, le
château apparaissait comme le but, avec sa masse
énorme de tours, de pignons, le clocher de sa chapelle
montant dans le ciel bleu noir, et une foule de petites
lumières qui clignotaient, allaient, venaient, s'agitaient
à toutes les fenêtres, et ressemblaient, sur le fond
sombre du bâtiment, aux étincelles courant dans des
cendres de papier brûlé... Passé le pont-levis et la
poterne, il fallait, pour se rendre à la chapelle, traverser la première cour, pleine de carrosses, de valets,
de chaises à porteurs, toute claire du feu des torches
et de la flambée des cuisines. On entendait le tintement
des tournebroches, le fracas des casseroles, le choc des
cristaux et de l'argenterie remués dans les apprêts d'un
repas; par là-dessus, une vapeur tiède, qui sentait bon
les chairs rôties et les herbes fortes des sauces compli-

quées, faisait dire aux métayers comme au chapelain,
comme au bailli, comme à tout le monde :

— Quel bon réveillon nous allons faire après la
messe!

II

Drelindin din!... Drelindin din!...

C'est la messe de minuit qui commence. Dans la
chapelle du château, une cathédrale en miniature, aux
arceaux entrecroisés, aux boiseries de chêne, montant
jusqu'à hauteur des murs, les tapisseries ont été tendues, tous les cierges allumés. Et que de monde! Et
que de toilettes! Voici d'abord, assis dans les stalles
sculptées qui entourent le chœur, le sire de Trinquelage,
en habit de taffetas saumon, et près de lui tous les
nobles seigneurs invités. En face, sur des prie-Dieu
garnis de velours, ont pris place la vieille marquise
douairière dans sa robe de brocart couleur de feu et la
jeune dame de Trinquelage, coiffée d'une haute tour
de dentelle gaufrée à la dernière mode de la cour de
France. Plus bas on voit, vêtus de noir avec de vastes
perruques en pointe et des visages rasés, le bailli Thomas Arnoton et le tabellion maître Ambroy, deux notes
graves parmi les soies voyantes et les damas brochés.
Puis viennent les gras majordomes, les pages, les
piqueurs, les intendants, dame Barbe, toutes ses clefs
pendues sur le côté à un clavier d'argent fin. Au fond,
sur les bancs, c'est le bas office, les servantes, les
métayers avec leurs familles; et enfin, là-bas, tout
contre la porte qu'ils entrouvrent et referment discrètement, messieurs les marmitons qui viennent entre
deux sauces prendre un petit air de messe et apporter
une odeur de réveillon dans l'église toute en fête et
tiède de tant de cierges allumés.

Est-ce la vue de ces petites barrettes blanches qui

donne des distractions à l'officiant ? Ne serait-ce pas
plutôt la sonnette de Garrigou, cette enragée petite
sonnette qui s'agite au pied de l'autel avec une préci-
pitation infernale et semble dire tout le temps :

— Dépêchons-nous, dépêchons-nous... Plus tôt nous
aurons fini, plus tôt nous serons à table.

Le fait est que chaque fois qu'elle tinte, cette sonnette du diable, le chapelain oublie sa messe et ne
pense plus qu'au réveillon. Il se figure les cuisiniers en
rumeur, les fourneaux où brûle un feu de forge, la buée
qui monte des couvercles entrouverts, et dans cette
buée deux dindes magnifiques, bourrées, tendues, mar-
brées de truffes...

Ou bien encore il voit passer des files de pages portant des plats enveloppés de vapeurs tentantes, et avec
eux il entre dans la grande salle déjà prête pour le
festin. O délices! voilà l'immense table toute chargée
et flamboyante, les paons habillés de leurs plumes, les
faisans écartant leurs ailes mordorées, les flacons couleur de rubis, les pyramides de fruits éclatants parmi
les branches vertes, et ces merveilleux poissons dont
parlait Garrigou (ah! bien oui, Garrigou!) étalés sur
un lit de fenouil, l'écaille nacrée comme s'ils sortaient
de l'eau, avec un bouquet d'herbes odorantes dans
leurs narines de monstres. Si vive est la vision de ces
merveilles, qu'il semble à dom Balaguère que tous ces
plats mirifiques sont servis devant lui sur les broderies
de la nappe d'autel, et deux ou trois fois, au lieu de
Dominus vobiscum! il se surprend à dire le *Benedicite*.
A part ces légères méprises, le digne homme débite son
office très consciencieusement, sans passer une ligne,
sans omettre une génuflexion; et tout marche assez
bien jusqu'à la fin de la première messe; car vous
savez que le jour de Noël le même officiant doit célébrer trois messes consécutives.

— Et d'une! se dit le chapelain avec un soupir
de soulagement; puis, sans perdre une minute, il

fait signe à son clerc ou celui qu'il croit être son clerc, et...

Drelindin din!... Drelindin din!

C'est la seconde messe qui commence, et avec elle commence aussi le péché de dom Balaguère.

— Vite, vite, dépêchons-nous, lui crie de sa petite voix aigrelette la sonnette de Garrigou, et cette fois le malheureux officiant, tout abandonné au démon de gourmandise, se rue sur le missel et dévore les pages avec l'avidité de son appétit en surexcitation. Frénétiquement il se baisse, se relève, esquisse les signes de croix, les génuflexions, raccourcit tous ses gestes pour avoir plus tôt fini. A peine s'il étend ses bras à l'Evangile, s'il frappe sa poitrine au *Confiteor*. Entre le clerc et lui c'est à qui bredouillera le plus vite. Versets et répons se précipitent, se bousculent. Les mots à moitié prononcés, sans ouvrir la bouche, ce qui prendrait trop de temps, s'achèvent en murmures incompréhensibles.

Oremus ps... ps... ps...

Mea culpa... pa... pa...

Pareils à des vendangeurs pressés foulant le raisin de la cuve, tous deux barbottent dans le latin de la messe, en envoyant des éclaboussures de tous les côtés.

Dom... scum!... dit Balaguère.

... Stutuo!... répond Garrigou; et tout le temps la damnée petite sonnette est là qui tinte à leurs oreilles, comme ces grelots qu'on met aux chevaux de poste pour les faire galoper à la grande vitesse. Pensez que de ce train-là une messe basse est vite expédiée.

— Et de deux! dit le chapelain tout essoufflé; puis sans prendre le temps de respirer, rouge, suant, il dégringole les marches de l'autel et...

Drelindin din!... Drelindin din!...

C'est la troisième messe qui commence. Il n'y a plus que quelques pas à faire pour arriver à la salle à manger; mais, hélas! à mesure que le réveillon approche,

l'infortuné Balaguère se sent pris d'une folie d'impatience et de gourmandise. Sa vision s'accentue, les
carpes dorées, les dindes rôties, sont là, là... Il les
touche;... il les... Oh! Dieu!... Les plats fument, les
vins embaument; et secouant son grelot enragé, la
petite sonnette lui crie :

— Vite, vite, encore plus vite!...

Mais comment pourrait-il aller plus vite ? Ses lèvres
remuent à peine. Il ne prononce plus les mots... A
moins de tricher tout à fait le bon Dieu et de lui esca-
moter sa messe... Et c'est ce qu'il fait, le malheureux!...
De tentation en tentation il commence par sauter un
verset, puis deux. Puis l'épître est trop longue, il ne la
finit pas, effleure l'Évangile, passe devant le *Credo* sans
entrer, saute le *Pater*, salue de loin la préface, et par
bonds et par élans se précipite ainsi dans la damnation
éternelle, toujours suivi de l'infâme Garrigou *(vade
retro, Satanas!)* qui le seconde avec une merveilleuse
entente, lui relève sa chasuble, tourne les feuillets deux
par deux, bouscule les pupitres, renverse les burettes,
et sans cesse secoue la petite sonnette de plus en plus
fort, de plus en plus vite.

Il faut voir la figure effarée que font tous les assis-
tants! Obligés de suivre à la mimique du prêtre cette
messe dont ils n'entendent pas un mot, les uns se
lèvent quand les autres s'agenouillent, s'asseyent quand
les autres sont debout; et toutes les phases de ce singulier office se confondent sur les bancs dans une foule
d'attitudes diverses. L'étoile de Noël en route dans les
chemins du ciel, là-bas, vers la petite étable, pâlit
d'épouvante en voyant cette confusion...

— L'abbé va trop vite... On ne peut pas suivre,
murmure la vieille douairière en agitant sa coiffe avec
égarement.

Maître Arnoton, ses grandes lunettes d'acier sur le
nez, cherche dans son paroissien où diantre on peut
bien en être. Mais au fond, tous ces braves gens, qui

eux aussi pensent à réveillonner, ne sont pas fâchés
que la messe aille ce train de poste ; et quand dom Balaguère, la figure rayonnante, se tourne vers l'assistance
en criant de toutes ses forces : *Ite, missa est*, il n'y a
qu'une voix dans la chapelle pour lui répondre un
Deo gratias si joyeux, si entraînant, qu'on se croirait
déjà à table au premier toast du réveillon.

III

Cinq minutes après, la foule des seigneurs s'asseyait
dans la grande salle, le chapelain au milieu d'eux. Le
château, illuminé de haut en bas, retentissait de chants,
de cris, de rires, de rumeurs ; et le vénérable dom Balaguère plantait sa fourchette dans une aile de gelinotte,
noyant le remords de son péché sous des flots de vin du
pape et de bons jus de viandes. Tant il but et mangea,
le pauvre saint homme, qu'il mourut dans la nuit d'une
terrible attaque, sans avoir eu seulement le temps de se
repentir ; puis, au matin, il arriva dans le ciel encore
tout en rumeur des fêtes de la nuit, et je vous laisse à
penser comme il y fut reçu.

— Retire-toi de mes yeux, mauvais chrétien ! lui dit
le souverain Juge, notre maître à tous. Ta faute est
assez grande pour effacer toute une vie de vertu... Ah !
tu m'as volé une messe de nuit... Eh bien ! tu m'en
payeras trois cents en place, et tu n'entreras en paradis
que quand tu auras célébré dans ta propre chapelle
ces trois cents messes de Noël en présence de tous ceux
qui ont péché par ta faute et avec toi...

... Et voilà la vraie légende de dom Balaguère comme
on la raconte au pays des olives. Aujourd'hui le château de Trinquelage n'existe plus, mais la chapelle se
tient encore droite tout en haut du mont Ventoux,
dans un bouquet de chênes verts. Le vent fait battre
sa porte disjointe, l'herbe encombre le seuil ; il y a des

nids aux angles de l'autel et dans l'embrasure des hautes croisées dont les vitraux coloriés ont disparu depuis longtemps. Cependant il paraît que tous les ans, à Noël, une lumière surnaturelle erre parmi ces ruines, et qu'en allant aux messes et aux réveillons, les paysans aperçoivent ce spectre de chapelle éclairé de cierges invisibles qui brûlent au grand air, même sous la neige et le vent. Vous en rirez si vous voulez, mais un vigneron de l'endroit, nommé Garrigue, sans doute un descendant de Garrigou, m'a affirmé qu'un soir de Noël, se trouvant un peu en ribote, il s'était perdu dans la montagne du côté de Trinquelage; et voici ce qu'il avait vu... Jusqu'à onze heures, rien. Tout était silencieux, éteint, inanimé. Soudain, vers minuit, un carillon sonna tout en haut du clocher, un vieux, vieux carillon qui avait l'air d'être à dix lieues. Bientôt, dans le chemin qui monte, Garrigue vit trembler des feux, s'agiter des ombres indécises. Sous le porche de la chapelle, on marchait, on chuchotait :

— Bonsoir, maître Arnoton !

— Bonsoir, bonsoir, mes enfants !...

Quand tout le monde fut entré, mon vigneron, qui était très brave, s'approcha doucement, et regardant par la porte cassée eut un singulier spectacle. Tous ces gens qu'il avait vus passer étaient rangés autour du chœur, dans la nef en ruine, comme si les anciens bancs existaient encore. De belles dames en brocart avec des coiffes de dentelle, des seigneurs chamarrés du haut en bas, des paysans en jaquettes fleuries ainsi qu'en avaient nos grands-pères, tous l'air vieux, fané, poussiéreux, fatigué. De temps en temps, des oiseaux de nuit, hôtes habituels de la chapelle, réveillés par toutes ces lumières, venaient rôder autour des cierges dont la flamme montait droite et vague comme si elle avait brûlé derrière une gaze; et ce qui amusait beaucoup Garrigue, c'était un certain personnage à grandes lunettes d'acier, qui secouait à chaque instant sa haute

perruque noire sur laquelle un de ces oiseaux se tenait
droit tout empêtré en battant silencieusement des ailes.

Dans le fond, un petit vieillard de taille enfantine,
à genoux au milieu du chœur, agitait désespérément
une sonnette sans grelot et sans voix, pendant qu'un
prêtre, habillé de vieil or, allait, venait devant l'autel
en récitant des oraisons dont on n'entendait pas un
mot... Bien sûr c'était dom Balaguère, en train de dire
sa troisième messe basse.

LES ORANGES

FANTAISIE

A Paris, les oranges ont l'air triste de fruits tombés ramassés sous l'arbre. A l'heure où elles vous arrivent, en plein hiver pluvieux et froid, leur écorce éclatante, leur parfum exagéré dans ces pays de saveurs tranquilles, leur donnent un aspect étrange, un peu bohémien. Par les soirées brumeuses, elles longent tristement les trottoirs, entassées dans leurs petites charrettes ambulantes, à la lueur sourde d'une lanterne en papier rouge. Un cri monotone et grêle les escorte, perdu dans le roulement des voitures, le fracas des omnibus :

— A deux sous la Valence !

Pour les trois quarts des Parisiens, ce fruit cueilli au loin, banal dans sa rondeur, où l'arbre n'a rien laissé qu'une mince attache verte, tient de la sucrerie, de la confiserie. Le papier de soie qui l'entoure, les fêtes qu'il accompagne, contribuent à cette impression. Aux approches de janvier surtout, les milliers d'oranges disséminées par les rues, toutes ces écorces traînant dans la boue du ruisseau, font songer à quelque arbre de Noël gigantesque qui secouerait sur Paris ses branches chargées de fruits factices. Pas un coin où on ne les rencontre. A la vitrine claire des étalages, choisies et parées ; à la porte des prisons et des hospices, parmi

les paquets de biscuits, les tas de pommes; devant
l'entrée des bals, des spectacles du dimanche. Et leur
parfum exquis se mêle à l'odeur du gaz, au bruit des
crincrins, à la poussière des banquettes de paradis.
On en vient à oublier qu'il faut des orangers pour
produire les oranges, cependant que le fruit nous
arrive directement du Midi à pleines caisses, l'arbre,
taillé, transformé, déguisé, de la serre chaude où il
passe l'hiver, ne fait qu'une courte apparition au plein
air des jardins publics.

Pour bien connaître les oranges, il faut les avoir vues
chez elles, aux îles Baléares, en Sardaigne, en Corse,
en Algérie, dans l'air bleu doré, l'atmosphère tiède de
la Méditerranée. Je me rappelle un petit bois d'orangers, aux portes de Blidah; c'est là qu'elles étaient
belles! Dans le feuillage sombre, lustré, vernissé, les
fruits avaient l'éclat de verres de couleur, et doraient
l'air environnant avec cette auréole de splendeur qui
entoure les fleurs éclatantes. Çà et là des éclaircies
laissaient voir à travers les branches les remparts de la
petite ville, le minaret d'une mosquée, le dôme d'un
marabout, et au-dessus l'énorme masse de l'Atlas,
verte à sa base, couronnée de neige comme d'une
fourrure blanche, avec des moutonnements, un flou
de flocons tombés.

Une nuit, pendant que j'étais là, je ne sais par quel
phénomène ignoré depuis trente ans cette zone de
frimas et d'hiver se secoua sur la ville endormie, et
Blidah se réveilla transformée, poudrée à blanc. Dans
cet air algérien si léger, si pur, la neige semblait une
poussière de nacre. Elle avait des reflets de plumes de
paon blanc. Le plus beau, c'était le bois d'orangers.
Les feuilles solides gardaient la neige intacte et droite
comme des sorbets sur des plateaux de laque, et tous
les fruits poudrés à frimas avaient une douceur splendide, un rayonnement discret comme de l'or voilé de
claires étoffes blanches. Cela donnait vaguement l'im-

pression d'une fête d'église, de soutanes rouges sous des robes de dentelles, de dorures d'autel enveloppées de guipures...

Mais mon meilleur souvenir d'oranges me vient encore de Barbicaglia, un grand jardin auprès d'Ajaccio où j'allais faire la sieste aux heures de chaleur. Ici les orangers, plus hauts, plus espacés qu'à Blidah, descendaient jusqu'à la route, dont le jardin n'était séparé que par une haie vive et un fossé. Tout de suite après, c'était la mer, l'immense mer bleue... Quelles bonnes heures j'ai passées dans ce jardin! Au-dessus de ma tête, les orangers en fleur et en fruit brûlaient leurs parfums d'essences. De temps en temps, une orange mûre, détachée tout à coup, tombait près de moi comme alourdie de chaleur, avec un bruit mat, sans écho, sur la terre pleine. Je n'avais qu'à allonger la main. C'étaient des fruits superbes, d'un rouge pourpre à l'intérieur. Ils me paraissaient exquis, et puis l'horizon était si beau! Entre les feuilles, la mer mettait des espaces bleus éblouissants comme des morceaux de verre brisés qui miroitaient dans la brume de l'air. Avec cela le mouvement du flot agitant l'atmosphère à de grandes distances, ce murmure cadencé qui vous berce comme dans une barque invisible, la chaleur, l'odeur des oranges... Ah! qu'on était bien pour dormir dans le jardin de Barbicaglia!

Quelquefois cependant, au meilleur moment de la sieste, des éclats de tambour me réveillaient en sursaut. C'étaient de malheureux tapins qui venaient s'exercer en bas, sur la route. A travers les trous de la haie, j'apercevais le cuivre des tambours et les grands tabliers blancs sur les pantalons rouges. Pour s'abriter un peu de la lumière aveuglante que la poussière de la route leur renvoyait impitoyablement, les pauvres diables venaient se mettre au pied du jardin, dans l'ombre courte de la haie. Et ils tapaient! et ils avaient chaud! Alors, m'arrachant de force à mon hypnotisme, je

m'amusais à leur jeter quelques-uns de ces beaux fruits
d'or rouge qui pendaient près de ma main. Le tambour
visé s'arrêtait. Il y avait une minute d'hésitation, un
regard circulaire pour voir d'où venait la superbe
orange roulant devant lui dans le fossé; puis il la
ramassait bien vite et mordait à pleines dents sans
même enlever l'écorce.

Je me souviens aussi que tout à côté de Barbicaglia,
et séparé seulement par un petit mur bas, il y avait
un jardinet assez bizarre que je dominais de la hauteur
où je me trouvais. C'était un petit coin de terre bourgeoisement dessiné. Ses allées blondes de sable, bordées
de buis très vert, les deux cyprès de sa porte d'entrée,
lui donnaient l'aspect d'une bastide marseillaise. Pas
une ligne d'ombre. Au fond, un bâtiment de pierre
blanche avec des jours de caveau au ras du sol. J'avais
d'abord cru à une maison de campagne; mais, en y
regardant mieux, la croix qui la surmontait, une inscrip-
tion que je voyais de loin creusée dans la pierre, sans
en distinguer le texte, me firent reconnaître un tom-
beau de famille corse. Tout autour d'Ajaccio, il y a
beaucoup de ces petites chapelles mortuaires, dressées
au milieu de jardins à elles seules. La famille y vient,
le dimanche, rendre visite à ses morts. Ainsi comprise,
la mort est moins lugubre que dans la confusion des
cimetières. Des pas amis troublent seuls le silence.

De ma place, je voyais un bon vieux trottiner tranquillement par les allées. Tout le jour il taillait les
arbres, bêchait, arrosait, enlevait les fleurs fanées avec
un soin minutieux; puis, au soleil couchant, il entrait
dans la petite chapelle où dormaient les morts de sa
famille; il resserrait la bêche, les râteaux, les grands
arrosoirs; tout cela avec la tranquillité, la sérénité d'un
jardinier de cimetière. Pourtant, sans qu'il s'en rendît
bien compte, ce brave homme travaillait avec un certain recueillement, tous les bruits amortis et la porte
du caveau refermée, chaque fois discrètement comme

s'il eût craint de réveiller quelqu'un. Dans le grand silence radieux, l'entretien de ce petit jardin ne troublait pas un oiseau, et son voisinage n'avait rien d'attristant. Seulement la mer en paraissait plus immense, le ciel plus haut, et cette sieste sans fin mettait tout autour d'elle, parmi la nature troublante, accablante à force de vie, le sentiment de l'éternel repos...

LES DEUX AUBERGES

C'était en revenant de Nîmes, une après-midi de juillet. Il faisait une chaleur accablante. A perte de vue, la route blanche, embrasée, poudroyait entre les jardins d'oliviers et de petits chênes, sous un grand soleil d'argent mat qui remplissait tout le ciel. Pas une tache d'ombre, pas un souffle de vent. Rien que la vibration de l'air chaud et le cri strident des cigales, musique folle, assourdissante, à temps pressés, qui semble la sonorité même de cette immense vibration lumineuse... Je marchais en plein désert depuis deux heures, quand tout à coup, devant moi, un groupe de maisons blanches se dégagea de la poussière de la route. C'était ce qu'on appelle le relais de Saint-Vincent : cinq ou six *mas*, de longues granges à toiture rouge, un abreuvoir sans eau dans un bouquet de figuiers maigres, et, tout au bout du pays, deux grandes auberges qui se regardent face à face de chaque côté du chemin.

Le voisinage de ces auberges avait quelque chose de saisissant. D'un côté, un grand bâtiment neuf, plein de vie, d'animation, toutes les portes ouvertes, la diligence arrêtée devant, les chevaux fumants qu'on dételait, les voyageurs descendus buvant à la hâte sur la route dans l'ombre courte des murs ; la cour encombrée de mulets, de charrettes ; des rouliers couchés sous les hangars en attendant *la fraîche*. A l'intérieur, des cris, des jurons, des coups de poing sur les tables, le

choc des verres, le fracas des billards, les bouchons
de limonades qui sautaient, et, dominant tout ce
tumulte, une voix joyeuse, éclatante, qui chantait à
faire trembler les vitres :

> La belle Margoton
> Tant matin s'est levée,
> A pris son broc d'argent,
> A l'eau s'en est allée...

... L'auberge d'en face, au contraire, était silencieuse
et comme abandonnée. De l'herbe sous le portail, des
volets cassés, sur la porte un rameau de petit houx tout
rouillé qui pendait comme un vieux panache, les marches
du seuil calées avec des pierres de la route... Tout cela
si pauvre, si pitoyable, que c'était une charité vraiment
de s'arrêter là pour boire un coup.

En entrant, je trouvai une longue salle déserte et
morne, que le jour éblouissant de trois grandes fenêtres
sans rideaux fait plus morne et plus déserte encore.
Quelques tables boiteuses où traînaient des verres ternis
par la poussière, un billard crevé qui tendait ses quatre
blouses comme des sébiles, un divan jaune, un vieux
comptoir, dormaient là dans une chaleur malsaine et
lourde. Et des mouches! des mouches! jamais je n'en
avais tant vu : sur le plafond, collées aux vitres, dans
les verres, par grappes... Quand j'ouvris la porte, ce fut
un bourdonnement, un frémissement d'ailes comme si
j'entrais dans une ruche.

Au fond de la salle, dans l'embrasure d'une croisée,
il y avait une femme debout contre la vitre, très occupée
à regarder dehors. Je l'appelai deux fois :

— Hé! l'hôtesse!

Elle se retourna lentement, et me laissa voir une
pauvre figure de paysanne, ridée, crevassée, couleur de
terre, encadrée dans de longues barbes de dentelle

rousse comme en portent les vieilles de chez nous.
Pourtant ce n'était pas une vieille femme; mais les
larmes l'avaient toute fanée.

— Qu'est-ce que vous voulez ? me demanda-t-elle en
essuyant ses yeux.

— M'asseoir un moment et boire quelque chose...

Elle me regarda très étonnée, sans bouger de sa place,
comme si elle ne comprenait pas.

— Ce n'est donc pas une auberge ici ?

La femme soupira :

— Si... c'est une auberge, si vous voulez... Mais
pourquoi n'allez-vous pas en face comme les autres ?
C'est bien plus gai...

— C'est trop gai pour moi... J'aime mieux rester
chez vous.

Et, sans attendre sa réponse, je m'installai devant une
table.

Quand elle fut bien sûre que je parlais sérieusement,
l'hôtesse se mit à aller et venir d'un air très affairé,
ouvrant des tiroirs, remuant des bouteilles, essuyant
des verres, dérangeant les mouches... On sentait que ce
voyageur à servir était tout un événement. Par moments
la malheureuse s'arrêtait, et se prenait la tête comme si
elle désespérait d'en venir à bout.

Puis elle passait dans la pièce du fond; je l'entendais
remuer de grosses clefs, tourmenter des serrures, fouiller
dans la huche au pain, souffler, épousseter, laver des
assiettes. De temps en temps, un gros soupir, un sanglot
mal étouffé...

Après un quart d'heure de ce manège, j'eus devant
moi une assiettée de *passerilles* (raisins secs), un vieux
pain de Beaucaire aussi dur que du grès, et une bou-
teille de piquette.

— Vous êtes servi, dit l'étrange créature, et elle
retourna bien vite prendre sa place devant la fenêtre.

Tout en buvant, j'essayai de la faire causer.

— Il ne vous vient pas souvent du monde, n'est-ce pas, ma pauvre femme ?

— Oh! non, monsieur, jamais personne... Quand nous étions seuls dans le pays, c'était différent : nous avions le relais, des repas de chasse pendant le temps des macreuses, des voitures toute l'année... Mais depuis que les voisins sont venus s'établir, nous avons tout perdu... Le monde aime mieux aller en face. Chez nous, on trouve que c'est trop triste. Le fait est que la maison n'est pas bien agréable. Je ne suis pas belle, j'ai les fièvres, mes deux petites sont mortes... Là-bas, au contraire, on rit tout le temps. C'est une Arlésienne qui tient l'auberge, une belle femme avec des dentelles et trois tours de chaîne d'or au cou. Le conducteur, qui est son amant, lui amène la diligence. Avec ça un tas d'enjôleuses pour chambrières... Aussi, il lui en vient de la pratique! Elle a toute la jeunesse de Bezouce, de Redessan, de Jonquières. Les rouliers font un détour pour passer par chez elle... Moi, je reste ici tout le jour, sans personne, à me consumer.

Elle disait cela d'une voix distraite, indifférente, le front toujours appuyé contre la vitre. Il y avait évidemment dans l'auberge d'en face quelque chose qui la préoccupait...

Tout à coup, de l'autre côté de la route, il se fit un grand mouvement. La diligence s'ébranlait dans la poussière. On entendait des coups de fouet, les fanfares du postillon, les filles accourues sur la porte qui criaient :

— Adiousias!... adiousias!... et par là-dessus la formidable voix de tantôt reprenant de plus belle :

> A pris son broc d'argent,
> A l'eau s'en est allée;
> De là n'a vu venir
> Trois chevaliers d'armée...

... A cette voix l'hôtesse frissonna de tout son corps, et, se tournant vers moi :

— Entendez-vous ? me dit-elle tout bas, c'est mon mari... N'est-ce pas qu'il chante bien ?

Je la regardai, stupéfait.

— Comment ? votre mari !... Il va donc là-bas, lui aussi ?

Alors elle, d'un air navré, mais avec une grande douceur :

— Qu'est-ce que vous voulez, monsieur ? Les hommes sont comme ça, ils n'aiment pas voir pleurer ; et moi je pleure toujours depuis la mort des petites... Puis, c'est si triste cette grande baraque où il n'y a jamais personne... Alors, quand il s'ennuie trop, mon pauvre José va boire en face, et comme il a une belle voix, l'Arlésienne le fait chanter. Chut !... le voilà qui recommence.

Et, tremblante, les mains en avant, avec de grosses larmes qui la faisaient encore plus laide, elle était là comme en extase devant la fenêtre à écouter son José chanter pour l'Arlésienne :

Le premier lui a dit :
« Bonjour, belle mignonne! »

A MILIANA

NOTES DE VOYAGE

Cette fois, je vous emmène passer la journée dans une jolie petite ville d'Algérie, à deux ou trois cents lieues du moulin... Cela nous changera un peu des tambourins et des cigales...

... Il va pleuvoir, le ciel est gris, les crêtes du mont Zaccar s'enveloppent de brume. Dimanche triste... Dans ma petite chambre d'hôtel, la fenêtre ouverte sur les remparts arabes, j'essaye de me distraire en allumant des cigarettes. On a mis à ma disposition toute la bibliothèque de l'hôtel; entre une histoire très détaillée de l'enregistrement et quelques romans de Paul de Kock je découvre un volume dépareillé de Montaigne... Ouvert le livre au hasard, relu l'admirable lettre sur la mort de la Boétie... Me voilà plus rêveur et plus sombre que jamais... Quelques gouttes de pluie tombent déjà. Chaque goutte, en tombant sur le rebord de la croisée, fait une large étoile dans la poussière entassée là depuis les pluies de l'an dernier... Mon livre me glisse des mains, et je passe de longs instants à regarder cette étoile mélancolique...

Deux heures sonnent à l'horloge de la ville, — un ancien *marabout* dont j'aperçois d'ici les grêles murailles blanches... Pauvre diable de marabout! Qui lui aurait dit cela, il y a trente ans, qu'un jour il porterait au milieu de la poitrine un gros cadran municipal, et que, tous les dimanches, sur le coup de deux heures, il donnerait aux églises de Miliana le signal de sonner les vêpres ?... Ding! dong! voilà les cloches parties!... Nous en avons pour longtemps... Décidément, cette chambre est triste. Les grosses araignées du matin, qu'on appelle pensées philosophiques, ont tissé leurs toiles dans tous les coins... Allons dehors.

J'arrive sur la grande place. La musique du 3ᵉ de ligne, qu'un peu de pluie n'épouvante pas, vient de se ranger autour de son chef. A une des fenêtres de la division, le général paraît, entouré de ses demoiselles; sur la place le sous-préfet se promène de long en large au bras du juge de paix. Une demi-douzaine de petits Arabes à moitié nus, jouent aux billes dans un coin avec des cris féroces. Là-bas, un vieux juif en guenilles vient chercher un rayon de soleil qu'il avait laissé hier à cet endroit et qu'il s'étonne de ne plus trouver... « Une, deux, trois, partez! » La musique entonne une ancienne mazurka de Talexy, que les orgues de Barbarie jouaient l'hiver dernier sous mes fenêtres. Cette mazurka m'ennuyait autrefois; aujourd'hui elle m'émeut jusqu'aux larmes.

Oh! comme ils sont heureux les musiciens du 3ᵉ! L'œil fixé sur les doubles croches, ivres de rythme et de tapage, ils ne songent à rien qu'à compter leurs mesures. Leur âme, toute leur âme tient dans ce carré de papier large comme la main, — qui tremble au bout de l'instrument entre deux dents de cuivre. « Une, deux, trois, partez! » Tout est là pour ces braves gens; jamais les airs nationaux qu'ils jouent ne leur ont donné le mal du pays... Hélas! moi qui ne suis pas de la musique, cette musique me fait peine, et je m'éloigne...

Où pourrais-je bien la passer, cette grise après-midi

de dimanche ? Bon ! la boutique de Sid'Omar est ouverte... Entrons chez Sid'Omar.

Quoiqu'il ait une boutique, Sid'Omar n'est point un boutiquier. C'est un prince du sang, le fils d'un ancien dey d'Alger qui mourut étranglé par les janissaires... A la mort de son père, Sid'Omar se réfugia dans Miliana avec sa mère qu'il adorait, et vécut là quelques années comme un grand seigneur philosophe parmi ses lévriers, ses faucons, ses chevaux et ses femmes, dans de jolis palais très frais, pleins d'orangers et de fontaines. Vinrent les Français. Sid'Omar, d'abord notre ennemi et l'allié d'Abd-el-Kader, finit par se brouiller avec l'émir et fit sa soumission. L'émir, pour se venger, entra dans Miliana en l'absence de Sid'Omar, pilla ses palais, rasa ses orangers, emmena ses chevaux et ses femmes, et fit écraser la gorge de sa mère sous le couvercle d'un grand coffre... La colère de Sid'Omar fut terrible : sur l'heure même il se mit au service de la France, et nous n'eûmes pas de meilleur ni de plus féroce soldat que lui tant que dura notre guerre contre l'émir. La guerre finie, Sid'Omar revint à Miliana ; mais encore aujourd'hui, quand on parle d'Abd-el-Kader devant lui, il devient pâle et ses yeux s'allument.

Sid'Omar a soixante ans. En dépit de l'âge et de la petite vérole, son visage est resté beau : de grands cils, un regard de femme, un sourire charmant, l'air d'un prince. Ruiné par la guerre, il ne lui reste de son ancienne opulence qu'une ferme dans la plaine du Chélif et une maison à Miliana, où il vit bourgeoisement avec ses trois fils élevés sous ses yeux. Les chefs indigènes l'ont en grande vénération. Quand une discussion s'élève, on le prend volontiers pour arbitre, et son jugement fait loi presque toujours. Il sort peu : on le trouve toutes les après-midi dans une boutique attenant à sa maison et qui ouvre sur la rue. Le mobilier de cette pièce n'est pas riche : — des murs blancs peints à la chaux, un banc de bois circulaire, des cous-

sins, de longues pipes, deux braseros... C'est là que
Sid'Omar donne audience et rend la justice. Un Salomon en boutique.

Aujourd'hui dimanche, l'assistance est nombreuse.
Une douzaine de chefs sont accroupis, dans leurs burnous, tout autour de la salle. Chacun d'eux a près de
lui une grande pipe, et une petite tasse de café dans un
fin coquetier de filigrane. J'entre, personne ne bouge...
De sa place, Sid'Omar envoie à ma rencontre son plus
charmant sourire et m'invite de la main à m'asseoir
près de lui, sur un grand coussin de soie jaune; puis,
un doigt sur les lèvres, il me fait signe d'écouter.

Voici le cas : — Le caïd des Beni-Zougzougs ayant
eu quelque contestation avec un juif de Miliana au
sujet d'un lopin de terre, les deux parties sont conve-
nues de porter le différend devant Sid'Omar et de s'en
remettre à son jugement. Rendez-vous est pris pour
le jour même, les témoins sont convoqués; tout à coup
voilà mon juif qui se ravise, et vient, seul, sans témoins,
déclarer qu'il aime mieux s'en rapporter au juge de
paix des Français qu'à Sid'Omar... L'affaire en est là
à mon arrivée.

Le juif — vieux, barbe terreuse, veste marron, bas
bleus, casquette en velours — lève le nez au ciel, roule
des yeux suppliants, baise les babouches de Sid'Omar,
penche la tête, s'agenouille, joint les mains... Je ne
comprends pas l'arabe, mais à la pantomime du juif,
au mot : *Zouge de paix*, *zouge de paix*, qui revient à
chaque instant, je devine tout ce beau discours :

— Nous ne doutons pas de Sid'Omar, Sid'Omar
est sage, Sid'Omar est juste... Toutefois le zouge de
paix fera bien mieux notre affaire.

L'auditoire, indigné, demeure impassible comme un
Arabe qu'il est... Allongé sur son coussin, l'œil noyé,
le bouquin d'ambre aux lèvres, Sid'Omar — dieu de
l'ironie — sourit en écoutant. Soudain, au milieu de sa

plus belle période, le juif est interrompu par un énergique *caramba!* qui l'arrête net; en même temps un
colon espagnol, venu là comme témoin du caïd, quitte
sa place et, s'approchant d'Iscariote, lui verse sur la
tête un plein panier d'imprécations de toutes langues,
de toutes couleurs, — entre autres certain vocable
français trop gros monsieur pour qu'on le répète ici...
Le fils de Sid'Omar, qui comprend le français, rougit
d'entendre un mot pareil en présence de son père et
sort de la salle. — Retenir ce trait de l'éducation arabe.
— L'auditoire est toujours impassible, Sid'Omar toujours souriant. Le juif s'est relevé et gagne la porte à
reculons, tremblant de peur, mais gazouillant de plus
belle son éternel *zouge de paix, zouge de paix*... Il sort.
L'Espagnol, furieux, se précipite derrière lui, le rejoint
dans la rue et par deux fois — vli! vlan! — le frappe
en plein visage... Iscariote tombe à genoux, les bras en
croix... L'Espagnol, un peu honteux, rentre dans la
boutique... Dès qu'il est rentré, — le juif se relève et
promène un regard sournois sur la foule bariolée qui
l'entoure. Il y a là des gens de tout cuir, — Maltais,
Mahonais, nègres, Arabes, tous unis dans la haine du
juif et joyeux d'en voir maltraiter un... Iscariote hésite
un instant, puis, prenant un Arabe par le pan de son
burnous :

— Tu l'as vu, Achmed, tu l'as vu... tu étais là... Le
chrétien m'a frappé... Tu seras témoin... bien... bien...
tu seras témoin.

L'Arabe dégage son burnous et repousse le juif...
Il ne sait rien, il n'a rien vu : juste au moment, il tournait la tête...

— Mais toi, Kaddour, tu l'as vu... tu as vu le chrétien me battre,... crie le malheureux Iscariote à un gros
nègre en train d'éplucher une figue de Barbarie...

Le nègre crache en signe de mépris et s'éloigne, il n'a
rien vu... Il n'a rien vu non plus, ce petit Maltais dont
les yeux de charbon luisent méchamment derrière sa

barrette; elle n'a rien vu, cette Mahonaise au teint de brique qui se sauve en riant, son panier de grenades sur la tête...

Le juif a beau crier, prier, se démener... pas de témoin! personne n'a rien vu... Par bonheur deux de ses coreligionnaires passent dans la rue à ce moment, l'oreille basse, rasant les murailles. Le juif les avise :

— Vite, vite, mes frères! Vite à l'homme d'affaires! Vite au *zouge de paix!*... Vous l'avez vu, vous autres... vous avez vu qu'on a battu le vieux!

S'ils l'ont vu!... Je crois bien.

... Grand émoi dans la boutique de Sid'Omar... Le cafetier remplit les tasses, rallume les pipes. On cause, on rit à belles dents. C'est si amusant de voir rosser un juif!... Au milieu du brouhaha et de la fumée, je gagne la porte doucement; j'ai envie d'aller rôder un peu du côté d'Israël pour savoir comment les coreligionnaires d'Iscariote ont pris l'affront fait à leur frère...

— Viens dîner ce soir, *moussiou*, me crie le bon Sid'Omar...

J'accepte, je remercie. Me voilà dehors.

Au quartier juif, tout le monde est sur pied. L'affaire fait déjà grand bruit. Personne aux échoppes. Brodeurs, tailleurs, bourreliers, — tout Israël est dans la rue... Les hommes — en casquette de velours, en bas de laine bleue — gesticulant bruyamment, par groupes... Les femmes, pâles, bouffies, raides comme des idoles de bois dans leurs robes plates à plastron d'or, le visage entouré de bandelettes noires, vont d'un groupe à l'autre en miaulant... Au moment où j'arrive, un grand mouvement se fait dans la foule. On s'empresse, on se précipite... Appuyé sur ses témoins, le juif — héros de l'aventure — passe entre deux haies de casquettes, sous une pluie d'exhortations :

— Venge-toi, frère, venge-nous, venge le peuple juif. Ne crains rien; tu as la loi pour toi.

Un affreux nain, puant la poix et le vieux cuir, s'approche de moi d'un air piteux, avec de gros soupirs :

— Tu vois! me dit-il. Les pauvres juifs, comme on nous traite! C'est un vieillard! regarde. Ils l'ont presque tué.

De vrai, le pauvre Iscariote a l'air plus mort que vif. Il passe devant moi, — l'œil éteint, le visage défait; ne marchant pas, se traînant... Une forte indemnité est seule capable de le guérir; aussi ne le mène-t-on pas chez le médecin, mais chez l'agent d'affaires.

Il y a beaucoup d'agents d'affaires en Algérie, presque autant que de sauterelles. Le métier est bon, paraît-il. Dans tous les cas, il a cet avantage qu'on y peut entrer de plain-pied, sans examens, ni cautionnement, ni stage. Comme à Paris nous nous faisons hommes de lettres, on se fait agent d'affaires en Algérie. Il suffit pour cela de savoir un peu de français, d'espagnol, d'arabe, d'avoir toujours un code dans ses fontes, et sur toute chose le tempérament du métier.

Les fonctions de l'agent sont très variées : tour à tour avocat, avoué, courtier, expert, interprète, teneur de livres, commissionnaire, écrivain public, c'est le maître Jacques de la colonie. Seulement Harpagon n'en avait qu'un, de maître Jacques, et la colonie en a plus qu'il ne lui en faut. Rien qu'à Miliana, on les compte par douzaines. En général, pour éviter les frais de bureau, ces messieurs reçoivent leurs clients au café de la grand-place et donnent leurs consultations — les donnent-ils ? — entre l'absinthe et le champoreau.

C'est vers le café de la grand-place que le digne Iscariote s'achemine, flanqué de ses deux témoins. Ne les suivons pas.

En sortant du quartier juif, je passe devant la maison du bureau arabe. Du dehors, avec son chapeau d'ardoises et le drapeau français qui flotte dessus, on la prendrait pour une mairie de village. Je connais l'interprète, entrons fumer une cigarette avec lui. De cigarette en cigarette, je finirai bien par le tuer, ce dimanche sans soleil !

La cour qui précède le bureau est encombrée d'Arabes en guenilles. Ils sont là une cinquantaine à faire antichambre, accroupis, le long du mur, dans leurs burnous. Cette antichambre bédouine exhale — quoique en plein air — une forte odeur de cuir humain. Passons vite... Dans le bureau, je trouve l'interprète aux prises avec deux grands braillards entièrement nus sous de longues couvertures crasseuses, et racontant d'une mimique enragée je ne sais quelle histoire de chapelet volé. Je m'assieds sur une natte dans un coin, et je regarde... Un joli costume, ce costume d'interprète ; et comme l'interprète de Miliana le porte bien ! Ils ont l'air taillés l'un pour l'autre. Le costume est bleu de ciel avec des brandebourgs noirs et des boutons d'or qui reluisent. L'interprète est blond, rose, tout frisé ; un joli hussard bleu plein d'humour et de fantaisie ; un peu bavard, — il parle tant de langues ! un peu sceptique, il a connu Renan à l'école orientaliste ! — grand amateur de sport, à l'aise au bivouac arabe comme aux soirées de la sous-préfète, mazurkant mieux que personne, et faisant le couscous comme pas un. Parisien, pour tout dire, voilà mon homme, et ne vous étonnez pas que les dames en raffolent... Comme dandysme, il n'a qu'un rival : le sergent du bureau arabe. Celui-ci — avec sa tunique de drap fin et ses guêtres à boutons de nacre — fait le désespoir et l'envie de toute la garnison. Détaché au bureau arabe, il est dispensé des corvées, et toujours se montre par les rues, ganté de blanc, frisé de frais, avec de grands registres sous le bras. On l'admire et on le redoute. C'est une autorité.

Décidément, cette histoire de chapelet volé menace d'être fort longue. Bonsoir ! je n'attends pas la fin.

En m'en allant je trouve l'antichambre en émoi. La foule se presse autour d'un indigène de haute taille, pâle, fier, drapé dans un burnous noir. Cet homme, il y a huit jours, s'est battu dans le Zaccar avec une panthère. La panthère est morte; mais l'homme a eu la moitié du bras mangée. Soir et matin il vient se faire panser au bureau arabe, et chaque fois on l'arrête dans la cour pour lui entendre raconter son histoire. Il parle lentement, d'une belle voix gutturale. De temps en temps, il écarte son burnous et montre, attaché contre sa poitrine, son bras gauche entouré de linges sanglants.

A peine suis-je dans la rue, voilà un violent orage qui éclate. Pluie, tonnerre, éclairs, sirocco... Vite, abritons-nous. J'enfile une porte au hasard, et je tombe au milieu d'une nichée de bohémiens, empilés sous les arceaux d'une cour moresque. Cette cour tient à la mosquée de Miliana; c'est le refuge habituel de la pouillerie musulmane, on l'appelle la *cour des pauvres*.

De grands lévriers maigres, tout couverts de vermine, viennent rôder autour de moi d'un air méchant. Adossé contre un des piliers de la galerie, je tâche de faire bonne contenance, et, sans parler à personne, je regarde la pluie qui ricoche sur les dalles coloriées de la cour. Les bohémiens sont à terre, couchés par tas. Près de moi, une jeune femme, presque belle, la gorge et les jambes découvertes, de gros bracelets de fer aux poignets et aux chevilles, chante un air bizarre à trois notes mélancoliques et nasillardes. En chantant, elle allaite un petit enfant tout nu en bronze rouge, et, du bras resté libre, elle pile de l'orge dans un mortier de pierre. La pluie, chassée par un vent cruel, inonde parfois les jambes de la nourrice et le corps de son nourrisson. La bohémienne n'y prend point garde et continue à chanter, sous la rafale, en pilant l'orge et donnant le sein.

L'orage diminue. Profitant d'une embellie, je me hâte de quitter cette cour des Miracles et je me dirige vers le dîner de Sid'Omar; il est temps... En traversant la grand-place, j'ai encore rencontré mon vieux juif de tantôt. Il s'appuie sur son agent d'affaires; ses témoins marchent joyeusement derrière lui; une bande de vilains petits juifs gambade à l'entour... Tous les visages rayonnent. L'agent se charge de l'affaire : il demandera au tribunal deux mille francs d'indemnité.

Chez Sid'Omar, dîner somptueux. — La salle à manger ouvre sur une élégante cour moresque, où chantent deux ou trois fontaines... Excellent repas turc, recommandé au baron Brisse. Entre autres plats, je remarque un poulet aux amandes, un couscous à la vanille, une tortue à la viande, — un peu lourde mais du plus haut goût, — et des biscuits au miel qu'on appelle *bouchées du cadi*... Comme vin, rien que du champagne. Malgré la loi musulmane Sid'Omar en boit un peu, — quand les serviteurs ont le dos tourné... Après dîner, nous passons dans la chambre de notre hôte, où l'on nous apporte des confitures, des pipes et du café... L'ameublement de cette chambre est des plus simples : un divan, quelques nattes; dans le fond, un grand lit très haut sur lequel flânent de petits coussins rouges brodés d'or... A la muraille est accrochée une vieille peinture turque représentant les exploits d'un certain amiral Hamadi. Il paraît qu'en Turquie les peintres n'emploient qu'une couleur par tableau : ce tableau-ci est voué au vert. La mer, le ciel, les navires, l'amiral Hamadi lui-même, tout est vert, et de quel vert!...
L'usage arabe veut qu'on se retire de bonne heure. Le café pris, les pipes fumées, je souhaite la bonne nuit à mon hôte et je le laisse avec ses femmes.

Où finirai-je ma soirée ? Il est trop tôt pour me coucher, les clairons des spahis n'ont pas encore sonné la retraite. D'ailleurs, les coussinets d'or de Sid'Omar dansent autour de moi des farandoles fantastiques qui m'empêcheraient de dormir... Me voici devant le théâtre, entrons un moment.

Le théâtre de Miliana est un ancien magasin de fourrages, tant bien que mal déguisé en salle de spectacle. De gros quinquets, qu'on remplit d'huile pendant l'entracte, font l'office de lustres. Le parterre est debout, l'orchestre sur des bancs. Les galeries sont très fières parce qu'elles ont des chaises de paille... Tout autour de la salle, un long couloir, obscur, sans parquet... On se croirait dans la rue, rien n'y manque... La pièce est déjà commencée quand j'arrive. A ma grande surprise, les acteurs ne sont pas mauvais, je parle des hommes; ils ont de l'entrain, de la vie... Ce sont presque tous des amateurs, des soldats du 3e; le régiment en est fier et vient les applaudir tous les soirs.

Quant aux femmes, hélas!... c'est encore et toujours cet éternel féminin des petits théâtres de province, prétentieux, exagéré et faux... Il y en a deux pourtant qui m'intéressent parmi ces dames, deux juives de Miliana, toutes jeunes, qui débutent au théâtre... Les parents sont dans la salle et paraissent enchantés. Ils ont la conviction que leurs filles vont gagner des milliers de douros à ce commerce-là. La légende de Rachel, israélite, millionnaire et comédienne, est déjà répandue chez les juifs d'Orient.

Rien de comique et d'attendrissant comme ces deux petites juives sur les planches... Elles se tiennent timidement dans un coin de la scène, poudrées, fardées, décolletées et toutes raides. Elles ont froid, elles ont honte. De temps en temps elles baragouinent une phrase sans la comprendre, et, pendant qu'elles parlent, leurs grands yeux hébraïques regardent dans la salle avec stupeur.

Je sors du théâtre... Au milieu de l'ombre qui m'environne, j'entends des cris dans un coin de la place...
Quelques Maltais sans doute en train de s'expliquer à coups de couteau...

Je reviens à l'hôtel, lentement, le long des remparts.
D'adorables senteurs d'orangers et de thuyas montent de la plaine. L'air est doux, le ciel presque pur...
Là-bas, au bout du chemin, se dresse un vieux fantôme de muraille, débris de quelque ancien temple. Ce mur est sacré : tous les jours les femmes arabes viennent y suspendre des *ex-voto*, fragments de haïks et de foutas, longues tresses de cheveux roux liés par des fils d'argent, pans de burnous... Tout cela va flottant sous un mince rayon de lune, au souffle tiède de la nuit...

LES SAUTERELLES

Encore un souvenir d'Algérie, et puis nous reviendrons au moulin...

La nuit de mon arrivée dans cette ferme du Sahel, je ne pouvais pas dormir. Le pays nouveau, l'agitation du voyage, les aboiements des chacals, puis une chaleur énervante, oppressante, un étouffement complet, comme si les mailles de la moustiquaire n'avaient pas laissé passer un souffle d'air... Quand j'ouvris ma fenêtre, au petit jour, une brume d'été lourde, lentement remuée, frangée aux bords de noir et de rose, flottait dans l'air comme un nuage de poudre sur un champ de bataille. Pas une feuille ne bougeait, et dans ces beaux jardins que j'avais sous les yeux, les vignes espacées sur les pentes au grand soleil qui fait les vins sucrés, les fruits d'Europe abrités dans un coin d'ombre, les petits orangers, les mandariniers en longues files microscopiques, tout gardait le même aspect morne, cette immobilité des feuilles attendant l'orage. Les bananiers eux-mêmes, ces grands roseaux vert tendre, toujours agités par quelque souffle qui emmêle leur fine chevelure si légère, se dressaient silencieux et droits, en panaches réguliers.

Je restai un moment à regarder cette plantation merveilleuse, où tous les arbres du monde se trouvaient réunis, donnant chacun dans leur saison leurs fleurs et leurs fruits dépaysés. Entre les champs de blé et les

massifs de chênes-lièges, un cours d'eau luisait, rafraî-
chissant à voir par cette matinée étouffante ; et tout en
admirant le luxe et l'ordre de ces choses, cette belle
ferme avec ses arcades moresques, ses terrasses toutes
blanches d'aube, les écuries et les hangars groupés
autour, je songeais qu'il y a vingt ans, quand ces
braves gens étaient venus s'installer dans ce vallon du
Sahel, ils n'avaient trouvé qu'une méchante baraque de
cantonnier, une terre inculte hérissée de palmiers nains
et de lentisques. Tout à créer, tout à construire.
A chaque instant des révoltes d'Arabes. Il fallait laisser
la charrue pour faire le coup de feu. Ensuite les maladies, les ophtalmies, les fièvres, les récoltes manquées,
les tâtonnements de l'inexpérience, la lutte avec une
administration bornée, toujours flottante. Que d'efforts !
Que de fatigues ! Quelle surveillance incessante !

Encore maintenant, malgré les mauvais temps finis
et la fortune si chèrement gagnée, tous deux, l'homme
et la femme, étaient les premiers levés à la ferme.
A cette heure matinale je les entendais aller et venir
dans les grandes cuisines du rez-de-chaussée, surveillant le café des travailleurs. Bientôt une cloche
sonna, et au bout d'un moment les ouvriers défilèrent
sur la route. Des vignerons de Bourgogne ; des laboureurs kabyles en guenilles, coiffés d'une chéchia rouge ;
des terrassiers mahonais, les jambes nues ; des Maltais ;
des Lucquois ; tout un peuple disparate, difficile à
conduire. A chacun d'eux le fermier, devant la porte,
distribuait sa tâche de la journée d'une voix brève,
un peu rude. Quand il eut fini, le brave homme leva
la tête, scruta le ciel d'un air inquiet ; puis m'aperce-
vant à la fenêtre :

— Mauvais temps pour la culture, me dit-il... voilà
le sirocco.

En effet, à mesure que le soleil se levait, des bouffées
d'air, brûlantes, suffocantes, nous arrivaient du sud
comme de la porte d'un four ouverte et refermée. On ne

savait où se mettre, que devenir. Toute la matinée se passa ainsi. Nous prîmes du café sur les nattes de la galerie, sans avoir le courage de parler ni de bouger. Les chiens allongés, cherchant la fraîcheur des dalles, s'étendaient dans des poses accablées. Le déjeuner nous remit un peu, un déjeuner plantureux et singulier où il y avait des carpes, des truites, du sanglier, du hérisson, le beurre de Staouëli, les vins de Crescia, des goyaves, des bananes, tout un dépaysement de mets qui ressemblait bien à la nature si complexe dont nous étions entourés... On allait se lever de table. Tout à coup, à la porte-fenêtre fermée pour nous garantir de la chaleur du jardin en fournaise, de grands cris retentirent :

— Les criquets! les criquets!

Mon hôte devint tout pâle comme un homme à qui on annonce un désastre, et nous sortîmes précipitamment. Pendant dix minutes, ce fut dans l'habitation, si calme tout à l'heure, un bruit de pas précipités, de voix indistinctes, perdues dans l'agitation d'un réveil. De l'ombre des vestibules où ils s'étaient endormis, les serviteurs s'élancèrent dehors en faisant résonner avec des bâtons, des fourches, des fléaux, tous les ustensiles de métal qui leur tombaient sous la main, des chaudrons de cuivre, des bassines, des casseroles. Les bergers soufflaient dans leurs trompes de pâturage. D'autres avaient des conques marines, des cors de chasse. Cela faisait un vacarme effrayant, discordant, que dominaient d'une note suraiguë les « You! you! you! » des femmes arabes accourues d'un douar voisin. Souvent, paraît-il, il suffit d'un grand bruit, d'un frémissement sonore de l'air, pour éloigner les sauterelles, les empêcher de descendre.

Mais où étaient-elles donc, ces terribles bêtes ? Dans le ciel vibrant de chaleur, je ne voyais rien qu'un nuage venant à l'horizon, cuivré, compact, comme un nuage de grêle, avec le bruit d'un vent d'orage dans les mille rameaux d'une forêt. C'étaient les sauterelles. Soutenues entre elles par leurs ailes sèches étendues, elles volaient en masse, et malgré nos cris, nos efforts, le nuage s'avançait toujours, projetant dans la plaine une ombre immense. Bientôt il arriva au-dessus de nos têtes; sur les bords on vit pendant une seconde un effrangement, une déchirure. Comme les premiers grains d'une giboulée, quelques-unes se détachèrent, distinctes, roussâtres; ensuite toute la nuée creva, et cette grêle d'insectes tomba drue et bruyante. A perte de vue les champs étaient couverts de criquets, de criquets énormes, gros comme le doigt.

Alors le massacre commença. Hideux murmure d'écrasement, de paille broyée. Avec les herses, les pioches, les charrues, on remuait ce sol mouvant; et plus on en tuait, plus il y en avait. Elles grouillaient par couches, leurs hautes pattes enchevêtrées; celles du dessus faisant des bonds de détresse, sautant au nez des chevaux attelés pour cet étrange labour. Les chiens de la ferme, ceux du douar, lancés à travers champs, se ruaient sur elles, les broyaient avec fureur. A ce moment, deux compagnies de turcos, clairons en tête, arrivèrent au secours des malheureux colons, et la tuerie changea d'aspect.

Au lieu d'écraser les sauterelles, les soldats les flambaient en répandant de longues tracées de poudre.

Fatigué de tuer, écœuré par l'odeur infecte, je rentrai. A l'intérieur de la ferme, il y en avait presque autant que dehors. Elles étaient entrées par les ouvertures des portes, des fenêtres, la baie des cheminées. Au bord des boiseries, dans les rideaux déjà tout mangés, elles se traînaient, tombaient, volaient, grimpaient aux murs blancs avec une ombre gigantesque qui doublait leur laideur. Et toujours cette odeur épouvantable. A dîner, il fallut se passer d'eau. Les citernes, les bassins, les puits, les viviers, tout était infecté. Le soir, dans ma chambre, où l'on en avait pourtant tué des quantités,

j'entendis encore des grouillements sous les meubles, et
ce craquement d'élytres semblable au pétillement des
gousses qui éclatent à la grande chaleur. Cette nuit-là
non plus je ne pus pas dormir. D'ailleurs autour de la
ferme tout restait éveillé. Des flammes couraient au
ras du sol d'un bout à l'autre de la plaine. Les turcos
en tuaient toujours.

Le lendemain, quand j'ouvris ma fenêtre comme la
veille, les sauterelles étaient parties; mais quelle ruine
elles avaient laissée derrière elles! Plus une fleur, plus un
brin d'herbe, tout était noir, rongé, calciné. Les bananiers, les abricotiers, les pêchers, les mandariniers, se
reconnaissaient seulement à l'allure de leurs branches
dépouillées, sans le charme, le flottant de la feuille
qui est la vie de l'arbre. On nettoyait les pièces d'eau,
les citernes. Partout des laboureurs creusaient la terre
pour tuer les œufs laissés par les insectes. Chaque motte
était retournée, brisée soigneusement. Et le cœur se
serrait de voir les mille racines blanches, pleines de
sève, qui apparaissaient dans ces écroulements de terre
fertile...

— Buvez ceci, mon voisin; vous m'en direz des nouvelles.

Et, goutte à goutte, avec le soin minutieux d'un lapidaire comptant des perles, le curé de Graveson me versa deux doigts d'une liqueur verte, dorée, chaude, étincelante, exquise... J'en eus l'estomac tout ensoleillé.

— C'est l'élixir du Père Gaucher, la joie et la santé de notre Provence, me fit le brave homme d'un air triomphant; on le fabrique au couvent des Prémontrés, à deux lieues de votre moulin... N'est-ce pas que cela vaut bien toutes les chartreuses du monde ?... Et si vous saviez comme elle est amusante, l'histoire de cet élixir! Ecoutez plutôt...

Alors, tout naïvement, sans y entendre malice, dans cette salle à manger de presbytère, si candide et si calme avec son Chemin de la croix en petits tableaux et ses jolis rideaux clairs empesés comme des surplis, l'abbé me commença une historiette légèrement sceptique et irrévérencieuse, à la façon d'un conte d'Erasme ou de d'Assoucy :

— Il y a vingt ans, les Prémontrés, ou plutôt les Pères blancs, comme les appellent nos Provençaux, étaient tombés dans une grande misère. Si vous aviez vu leur maison de ce temps-là, elle vous aurait fait peine.

Le grand mur, la tour Pacôme, s'en allaient en morceaux. Tout autour du cloître rempli d'herbes, les
colonnettes se fendaient, les saints de pierre croulaient
dans leurs niches. Pas un vitrail debout, pas une porte
qui tînt. Dans les préaux, dans les chapelles, le vent
du Rhône soufflait comme en Camargue, éteignant les
cierges, cassant le plomb des vitrages, chassant l'eau
des bénitiers. Mais le plus triste de tout, c'était le clocher du couvent, silencieux comme un pigeonnier vide ;
et les Pères, faute d'argent pour s'acheter une cloche,
obligés de sonner matines avec des cliquettes de bois
d'amandier !...

Pauvres Pères blancs ! Je les vois encore, à la procession de la Fête-Dieu, défilant tristement dans leurs
capes rapiécées, pâles, maigres, nourris de *citres* et de
pastèques, et derrière eux monseigneur l'abbé, qui
venait la tête basse, tout honteux de montrer au soleil
sa crosse dédorée et sa mitre de laine blanche mangée
des vers. Les dames de la confrérie en pleuraient de
pitié dans les rangs, et les gros porte-bannière rica-
naient entre eux tout bas en se montrant les pauvres
moines :

— Les étourneaux vont maigres quand ils vont en
troupe.

Le fait est que les infortunés Pères blancs en étaient
arrivés eux-mêmes à se demander s'ils ne feraient pas
mieux de prendre leur vol à travers le monde et de
chercher pâture chacun de son côté.

Or, un jour que cette grave question se débattait
dans le chapitre, on vint annoncer au prieur que le
frère Gaucher demandait à être entendu au conseil...
Vous saurez pour votre gouverne que ce frère Gaucher
était le bouvier du couvent ; c'est-à-dire qu'il passait ses
journées à rouler d'arcade en arcade dans le cloître, en
poussant devant lui deux vaches étiques qui cher-
chaient l'herbe aux fentes des pavés. Nourri jusqu'à
douze ans par une vieille folle du pays des Baux, qu'on

appelait tante Bégon, recueilli depuis chez les moines,
le malheureux bouvier n'avait jamais pu rien apprendre
qu'à conduire ses bêtes et à réciter son *Pater noster;*
encore le disait-il en provençal, car il avait la cervelle
dure et l'esprit comme une dague de plomb. Fervent
chrétien du reste, quoique un peu visionnaire, à l'aise
sous le cilice et se donnant la discipline avec une
conviction robuste, et des bras!...

Quand on le vit entrer dans la salle du chapitre,
simple et balourd, saluant l'assemblée la jambe en
arrière, prieur, chanoines, argentier, tout le monde se
mit à rire. C'était toujours l'effet que produisait, quand
elle arrivait quelque part, cette bonne face grisonnante
avec sa barbe de chèvre et ses yeux un peu fous; aussi
le frère Gaucher ne s'en émut pas.

— Mes révérends, fit-il d'un ton bonasse en tor-
tillant son chapelet de noyaux d'olives, on a bien raison
de dire que ce sont les tonneaux vides qui chantent le
mieux. Figurez-vous qu'à force de creuser ma pauvre
tête déjà si creuse, je crois que j'ai trouvé le moyen
de nous tirer tous de peine.

« Voici comment. Vous savez bien tante Bégon, cette
brave femme qui me gardait quand j'étais petit. (Dieu
ait son âme, la vieille coquine! elle chantait de bien
vilaines chansons après boire.) Je vous dirai donc, mes
révérends pères, que tante Bégon, de son vivant, se
connaissait aux herbes de montagnes autant et mieux
qu'un vieux merle de Corse. Voire, elle avait composé
sur la fin de ses jours un élixir incomparable en mélan-
geant cinq ou six espèces de simples que nous allions
cueillir ensemble dans les Alpilles. Il y a belles années
de cela; mais je pense qu'avec l'aide de saint Augustin
et la permission de notre père abbé, je pourrais — en
cherchant bien — retrouver la composition de ce mystérieux élixir. Nous n'aurions plus alors qu'à le mettre
en bouteilles, et à le vendre un peu cher, ce qui per-
mettrait à la communauté de s'enrichir doucettement,

comme ont fait nos frères de la Trappe et de la
Grande... »

Il n'eut pas le temps de finir. Le prieur s'était levé
pour lui sauter au cou. Les chanoines lui prenaient les
mains. L'argentier, encore plus ému que tous les autres,
lui baisait avec respect le bord effrangé de sa cucule...
Puis chacun revint à sa chaire pour délibérer ; et,
séance tenante, le chapitre décida qu'on confierait les
vaches au frère Thrasybule, pour que le frère Gaucher
pût se donner tout entier à la confection de son élixir.

Comment le bon frère parvint-il à retrouver la recette
de tante Bégon ? au prix de quels efforts ? au prix de
quelles veilles ? L'histoire ne le dit pas. Seulement, ce
qui est sûr, c'est qu'au bout de six mois, l'élixir des
Pères blancs était déjà très populaire. Dans tout le
Comtat, dans tout le pays d'Arles, pas un *mas*, pas
une grange qui n'eût au fond de sa *dépense*, entre les
bouteilles de vin cuit et les jarres d'olives à la picho-
line, un petit flacon de terre brune cacheté aux armes
de Provence, avec un moine en extase sur une étiquette
d'argent. Grâce à la vogue de son élixir, la maison des
Prémontrés s'enrichit très rapidement. On releva la
tour Pacôme. Le prieur eut une mitre neuve, l'église
de jolis vitraux ouvragés ; et, dans la fine dentelle du
clocher, toute une compagnie de cloches et de clochettes vint s'abattre, un beau matin de Pâques, tintant
et carillonnant à la grande volée.

Quant au frère Gaucher, ce pauvre frère lai dont les
rusticités égayaient tant le chapitre, il n'en fut plus
question dans le couvent. On ne connut plus désormais
que le Révérend Père Gaucher, homme de tête et de
grand savoir, qui vivait complètement isolé des occu-
pations si menues et si multiples du cloître, et s'enfermait tout le jour dans sa distillerie, pendant que
trente moines battaient la montagne pour lui chercher
des herbes odorantes... Cette distillerie, où personne,

pas même le prieur, n'avait le droit de pénétrer, était une ancienne chapelle abandonnée, tout au bout du jardin des chanoines. La simplicité des bons pères en avait fait quelque chose de mystérieux et de formidable ; et si, par aventure, un moinillon hardi et curieux, s'accrochant aux vignes grimpantes, arrivait jusqu'à la rosace du portail, il en dégringolait bien vite, effaré d'avoir vu le Père Gaucher, avec sa barbe de nécromant, penché sur ses fourneaux, le pèse-liqueur à la main ; puis, tout autour, des cornues de grès rose, des alambics gigantesques, des serpentins de cristal, tout un encombrement bizarre qui flamboyait ensorcelé dans la lueur rouge des vitraux...

Au jour tombant, quand sonnait le dernier Angélus, la porte de ce lieu de mystère s'ouvrait discrètement, et le révérend se rendait à l'église pour l'office du soir. Il fallait voir quel accueil quand il traversait le monastère ! Les frères faisaient la haie sur son passage. On disait :

— Chut !... il a le secret !...

— L'argentier le suivait et lui parlait la tête basse... Au milieu de ces adulations, le père s'en allait en s'épongeant le front, son tricorne aux larges bords posé en arrière comme une auréole, regardant autour de lui d'un air de complaisance les grandes cours plantées d'orangers, les toits bleus où tournaient des girouettes neuves, et, dans le cloître éclatant de blancheur, — entre les colonnettes élégantes et fleuries, — les chanoines habillés de frais qui défilaient deux par deux avec des mines reposées.

— C'est à moi qu'ils doivent tout cela ! se disait le révérend en lui-même ; et chaque fois cette pensée lui faisait monter des bouffées d'orgueil.

Le pauvre homme en fut bien puni. Vous allez voir...

Figurez-vous qu'un soir, pendant l'office, il arriva à l'église dans une agitation extraordinaire : rouge, essoufflé, le capuchon de travers, et si troublé qu'en prenant de l'eau bénite il y trempa ses manches jusqu'au coude. On crut d'abord que c'était l'émotion d'arriver en retard ; mais quand on le vit faire de grandes révérences à l'orgue et aux tribunes au lieu de saluer le maître-autel, traverser l'église en coup de vent, errer dans le chœur pendant cinq minutes pour chercher sa stalle, puis une fois assis, s'incliner de droite et de gauche en souriant d'un air béat, un murmure d'étonnement courut dans les trois nefs. On chuchotait de bréviaire à bréviaire :

— Qu'a donc notre Père Gaucher ?... Qu'a donc notre Père Gaucher ?

Par deux fois le prieur, impatienté, fit tomber sa crosse sur les dalles pour commander le silence... Là-bas, au fond du chœur, les psaumes allaient toujours ; mais les répons manquaient d'entrain...

Tout à coup, au beau milieu de l'*Ave verum*, voilà mon Père Gaucher qui se renverse dans sa stalle et entonne d'une voix éclatante :

> Dans Paris, il y a un Père blanc,
> Patatin, patatan, tarabin, taraban...

Consternation générale. Tout le monde se lève. On crie :

— Emportez-le... il est possédé !

Les chanoines se signent. La crosse de monseigneur se démène... Mais le Père Gaucher ne voit rien, n'écoute rien ; et deux moines vigoureux sont obligés de l'entraîner par la petite porte du chœur, se débattant comme un exorcisé et continuant de plus belle ses *patatin* et ses *taraban*.

Le lendemain, au petit jour, le malheureux était à genoux dans l'oratoire du prieur, et faisait sa *coulpe* avec un ruisseau de larmes :

— C'est l'élixir, Monseigneur, c'est l'élixir qui m'a surpris, disait-il en se frappant la poitrine. Et de le voir si marri, si repentant, le bon prieur en était tout ému lui-même.

— Allons, allons, Père Gaucher, calmez-vous, tout cela séchera comme la rosée au soleil... Après tout, le scandale n'a pas été aussi grand que vous pensez. Il y a bien eu la chanson qui était un peu... hum! hum!... Enfin il faut espérer que les novices ne l'auront pas entendue... A présent, voyons, dites-moi bien comment la chose vous est arrivée... C'est en essayant l'élixir, n'est-ce pas ? Vous aurez eu la main trop lourde... Oui, oui, je comprends... C'est comme le frère Schwartz, l'inventeur de la poudre : vous avez été victime de votre invention... Et dites-moi, mon brave ami, est-il bien nécessaire que vous l'essayiez sur vous-même, ce terrible élixir ?

— Malheureusement, oui, Monseigneur... l'éprouvette me donne bien la force et le degré de l'alcool; mais pour le fini, le velouté, je ne me fie guère qu'à ma langue...

— Ah! très bien... Mais écoutez encore un peu que je vous dise... Quand vous goûtez ainsi l'élixir par nécessité, est-ce que cela vous semble bon ? Y prenez-vous du plaisir ?...

— Hélas! oui, Monseigneur, fit le malheureux Père en devenant tout rouge... Voilà deux soirs que je lui trouve un bouquet, un arôme!... C'est pour sûr le démon qui m'a joué ce vilain tour... Aussi je suis bien décidé désormais à ne plus me servir que de l'éprouvette. Tant pis si la liqueur n'est pas assez fine, si elle ne fait pas assez la perle...

— Gardez-vous-en bien, interrompit le prieur avec vivacité. Il ne faut pas s'exposer à mécontenter la clientèle... Tout ce que vous avez à faire maintenant que vous voilà prévenu, c'est de vous tenir sur vos gardes... Voyons, qu'est-ce qu'il vous faut pour vous rendre

compte ?... Quinze ou vingt gouttes, n'est-ce pas ?...
mettons vingt gouttes... Le diable sera bien fin s'il vous
attrape avec vingt gouttes... D'ailleurs, pour prévenir
tout accident, je vous dispense dorénavant de venir à
l'église. Vous direz l'office du soir dans la distillerie...
Et maintenant, allez en paix, mon Révérend, et surtout... comptez bien vos gouttes...

Hélas ! le pauvre Révérend eut beau compter ses
gouttes... le démon le tenait, et ne le lâcha plus.

C'est la distillerie qui entendit de singuliers offices !

Le jour, encore, tout allait bien. Le Père était assez
calme : il préparait ses réchauds, ses alambics, triait
soigneusement ses herbes, toutes herbes de Provence,
fines, grises, dentelées, brûlées de parfums et de soleil...
Mais, le soir, quand les simples étaient infusés et que
l'élixir tiédissait dans de grandes bassines de cuivre
rouge, le martyre du pauvre homme commençait.

— ... Dix-sept... dix-huit... dix-neuf... vingt !...

Les gouttes tombaient du chalumeau dans le gobelet
de vermeil. Ces vingt-là, le père les avalait d'un trait,
presque sans plaisir. Il n'y avait que la vingt et unième
qui lui faisait envie. Oh ! cette vingt et unième goutte !...
Alors, pour échapper à la tentation, il allait s'age-
nouiller tout au bout du laboratoire et s'abîmait dans
ses patenôtres. Mais de la liqueur encore chaude il
montait une petite fumée toute chargée d'aromates,
qui venait rôder autour de lui et, bon gré mal gré, le
ramenait vers les bassines... La liqueur était d'un beau
vert doré... Penché dessus, les narines ouvertes, le père
la remuait tout doucement avec son chalumeau, et
dans les petites paillettes étincelantes que roulait le flot
d'émeraude, il lui semblait voir les yeux de tante Bégon
qui riaient et pétillaient en le regardant...

— Allons ! encore une goutte !

Et de goutte en goutte, l'infortuné finissait par avoir
son gobelet plein jusqu'au bord. Alors, à bout de

forces, il se laissait tomber dans un grand fauteuil, et, le corps abandonné, la paupière à demi close, il dégustait son péché par petits coups, en se disant tout bas avec un remords délicieux :

— Ah! je me damne... je me damne...

Le plus terrible, c'est qu'au fond de cet élixir diabolique, il retrouvait, par je ne sais quel sortilège, toutes les vilaines chansons de tante Bégon : *Ce sont trois petites commères, qui parlent de faire un banquet...*, ou : *Bergerette de maître André s'en va-t-au bois seulette...* et toujours la fameuse des Pères blancs : *Patatin patatan.*

Pensez quelle confusion le lendemain, quand ses voisins de cellule lui faisaient d'un air malin :

— Eh! eh! Père Gaucher, vous aviez des cigales en tête, hier soir en vous couchant.

Alors c'étaient des larmes, des désespoirs, et le jeûne, et le cilice, et la discipline. Mais rien ne pouvait contre le démon de l'élixir; et tous les soirs, à la même heure, la possession recommençait.

Pendant ce temps, les commandes pleuvaient à l'abbaye que c'était une bénédiction. Il en venait de Nîmes, d'Aix, d'Avignon, de Marseille... De jour en jour le couvent prenait un petit air de manufacture. Il y avait des frères emballeurs, des frères étiqueteurs, d'autres pour les écritures, d'autres pour le camionnage; le service de Dieu y perdait bien par-ci par-là quelques coups de cloches; mais les pauvres gens du pays n'y perdaient rien, je vous en réponds...

Et donc, un beau dimanche matin, pendant que l'argentier lisait en plein chapitre son inventaire de fin d'année et que les bons chanoines l'écoutaient les yeux brillants et le sourire aux lèvres, voilà le Père Gaucher qui se précipite au milieu de la conférence en criant :

— C'est fini... Je n'en fais plus... Rendez-moi mes vaches.

— Qu'est-ce qu'il y a donc, Père Gaucher ? demanda le prieur, qui se doutait bien un peu de ce qu'il y avait.

— Ce qu'il y a, Monseigneur ?... Il y a que je suis en train de me préparer une belle éternité de flammes et de coups de fourche... Il y a que je bois, que je bois comme un misérable...

— Mais je vous avais dit de compter vos gouttes.

— Ah! bien oui, compter mes gouttes! c'est par gobelets qu'il faudrait compter maintenant... Oui, mes Révérends, j'en suis là. Trois fioles par soirée... Vous comprenez bien que cela ne peut pas durer... Aussi, faites faire l'élixir par qui vous voudrez... Que le feu de Dieu me brûle si je m'en mêle encore!

C'est le chapitre qui ne riait plus.

— Mais, malheureux, vous nous ruinez! criait l'argentier en agitant son grand livre.

— Préférez-vous que je me damne ?

Pour lors, le prieur se leva.

— Mes Révérends, dit-il en étendant sa belle main blanche où luisait l'anneau pastoral, il y a moyen de tout arranger... C'est le soir, n'est-ce pas, mon cher fils, que le démon vous tente ?...

— Oui, monsieur le prieur, régulièrement tous les soirs... Aussi, maintenant, quand je vois arriver la nuit, j'en ai, sauf votre respect, les sueurs qui me prennent, comme l'âne de Capitou quand il voyait venir le bât.

— Eh bien! rassurez-vous... Dorénavant, tous les soirs, à l'office, nous réciterons à votre intention l'oraison de saint Augustin, à laquelle l'indulgence plénière est attachée... Avec cela, quoi qu'il arrive, vous êtes à couvert... C'est l'absolution pendant le péché.

— Oh bien! alors, merci, monsieur le prieur!

Et, sans en demander davantage, le Père Gaucher retourna à ses alambics, aussi léger qu'une alouette.

Effectivement, à partir de ce moment-là, tous les soirs, à la fin des complies, l'officiant ne manquait jamais de dire :

— Prions pour notre pauvre Père Gaucher, qui
sacrifie son âme aux intérêts de la communauté...
Oremus Domine...

Et pendant que sur toutes ces capuches blanches,
prosternées dans l'ombre des nefs, l'oraison courait
en frémissant comme une petite bise sur la neige, là-bas,
tout au bout du couvent, derrière le vitrage enflammé
de la distillerie, on entendait le Père Gaucher qui chantait à tue-tête :

> Dans Paris il y a un Père blanc,
>   Patatin, patatan, taraban, tarabin ;
> Dans Paris il y a un Père blanc
>   Qui fait danser des moinettes,
>   Trin, trin, trin, dans un jardin.
>   Qui fait danser des...

... Ici le bon curé s'arrêta plein d'épouvante :

— Miséricorde ! si mes paroissiens m'entendaient !

EN CAMARGUE

I

LE DÉPART

Grande rumeur au château. Le messager vient d'apporter un mot du garde, moitié en français, moitié en provençal, annonçant qu'il y a eu déjà deux ou trois beaux passages de *Galéjons*, de *Charlottines*, et que les *oiseaux de prime* non plus ne manquaient pas.

« Vous êtes des nôtres! » m'ont écrit mes aimables voisins; et ce matin, au petit jour de cinq heures, leur grand break, chargé de fusils, de chiens, de victuailles, est venu me prendre au bas de la côte. Nous voilà roulant sur la route d'Arles, un peu sèche, un peu dépouillée, par ce matin de décembre où la verdure pâle des oliviers est à peine visible, et la verdure crue des chênes-kermès un peu trop hivernale et factice. Les étables se remuent. Il y a des réveils avant le jour qui allument la vitre des fermes; et dans les découpures de pierre de l'abbaye de Montmajour, des orfraies encore engourdies de sommeil battent de l'aile parmi les ruines. Pourtant nous croisons déjà le long des fossés de vieilles paysannes qui vont au marché au trot de leurs bourriquets. Elles viennent de la Ville-des-Baux. Six grandes lieues pour s'asseoir une heure sur

les marches de Saint-Trophyme et vendre des petits
paquets de simples ramassés dans la montagne!...

Maintenant voici les remparts d'Arles; des remparts
bas et crénelés, comme on en voit sur les anciennes
estampes où des guerriers armés de lances apparaissent
en haut de talus moins grands qu'eux. Nous traversons
au galop cette merveilleuse petite ville, une des plus
pittoresques de France, avec ses balcons sculptés,
arrondis, s'avançant comme des moucharabieh jusqu'au milieu des rues étroites, avec ses vieilles maisons
noires aux petites portes, moresques, ogivales et basses,
qui vous reportent au temps de Guillaume Court-Nez
et des Sarrasins. A cette heure, il n'y a encore personne
dehors. Le quai du Rhône seul est animé. Le bateau à
vapeur qui fait le service de la Camargue chauffe au
bas des marches, prêt à partir. Des *ménagers* en veste
de cadis roux, des filles de La Roquette qui vont se
louer pour des travaux des fermes, montent sur le pont
avec nous, causant et riant entre eux. Sous les longues
mantes brunes rabattues à cause de l'air vif du matin,
la haute coiffure arlésienne fait la tête élégante et petite
avec un joli grain d'effronterie, une envie de se dresser
pour lancer le rire ou la malice plus loin... La cloche
sonne; nous partons. Avec la triple vitesse du Rhône,
de l'hélice, du mistral, les deux rivages se déroulent.
D'un côté c'est la Crau, une plaine aride, pierreuse.
De l'autre, la Camargue, plus verte, qui prolonge
jusqu'à la mer son herbe courte et ses marais pleins de
roseaux.

De temps en temps le bateau s'arrête près d'un ponton, à gauche ou à droite, à Empire ou à Royaume,
comme on disait au Moyen Age, du temps du Royaume
d'Arles, et, comme les vieux mariniers du Rhône disent
encore aujourd'hui. A chaque ponton, une ferme
blanche, un bouquet d'arbres. Les travailleurs descendent chargés d'outils, les femmes leur panier au
bras, droites sur la passerelle. Vers Empire ou vers

Royaume peu à peu le bateau se vide, et quand il arrive au ponton du Mas-de-Giraud où nous descendons, il n'y a presque plus personne à bord.

Le Mas-de-Giraud est une vieille ferme des seigneurs de Barbentane, où nous entrons pour attendre le garde qui doit venir nous chercher. Dans la haute cuisine, tous les hommes de la ferme, laboureurs, vignerons, bergers, bergerots, sont attablés, graves, silencieux, mangeant lentement, et servis par les femmes qui ne mangeront qu'après. Bientôt le garde paraît avec la carriole. Vrai type à la Fenimore, trappeur de terre et d'eau, garde-pêche et garde-chasse, les gens du pays l'appellent *lou Roudeïroù* (le rôdeur), parce qu'on le voit toujours, dans les brumes d'aube ou de jour tombant, caché pour l'affût parmi les roseaux, ou bien immobile dans son petit bateau, occupé à surveiller ses nasses sur les *clairs* (les étangs) et les *roubines* (canaux d'irrigation). C'est peut-être ce métier d'éternel guetteur qui le rend aussi silencieux, aussi concentré. Pourtant, pendant que la petite carriole chargée de fusils et de paniers marche devant nous, il nous donne des nouvelles de la chasse, le nombre des passages, les quartiers où les oiseaux voyageurs se sont abattus. Tout en causant, on s'enfonce dans le pays.

Les terres cultivées dépassées, nous voici en pleine Camargue sauvage. A perte de vue, parmi les pâturages, des marais, des roubines, luisent dans les salicornes. Des bouquets de tamaris et de roseaux font des îlots comme sur une mer calme. Pas d'arbres hauts. L'aspect uni, immense, de la plaine, n'est pas troublé. De loin en loin, des parcs de bestiaux étendent leurs toits bas presque au ras de terre. Des troupeaux dispersés, couchés dans les herbes salines, ou cheminant serrés autour de la cape rousse du berger, n'interrompent pas la grande ligne uniforme, amoindris qu'ils sont par cet espace infini d'horizons bleus et de ciel ouvert. Comme de la mer unie malgré ses vagues, il se dégage de cette plaine un sentiment de solitude, d'immensité, accru encore par le mistral qui souffle sans relâche, sans obstacle, et qui, de son haleine puissante, semble aplanir, agrandir le paysage. Tout se courbe devant lui. Les moindres arbustes gardent l'empreinte de son passage, en restent tordus, couchés vers le sud dans l'attitude d'une fuite perpétuelle...

II

LA CABANE

Un toit de roseaux, des murs de roseaux desséchés et jaunes, c'est la cabane. Ainsi s'appelle notre rendez-vous de chasse. Type de la maison camarguaise, la cabane se compose d'une unique pièce, haute, vaste, sans fenêtre, et prenant jour par une porte vitrée qu'on ferme le soir avec des volets pleins. Tout le long des grands murs crépis, blanchis à la chaux, des râteliers attendent les fusils, les carniers, les bottes de marais. Au fond, cinq ou six berceaux sont rangés autour d'un vrai mât planté au sol et montant jusqu'au toit auquel il sert d'appui. La nuit, quand le mistral souffle et que la maison craque de partout, avec la mer lointaine et le vent qui la rapproche, porte son bruit, le continue en l'enflant, on se croirait couché dans la chambre d'un bateau.

Mais c'est l'après-midi surtout que la cabane est charmante. Par nos belles journées d'hiver méridional, j'aime rester tout seul près de la haute cheminée où fument quelques pieds de tamaris. Sous les coups du mistral ou de la tramontane, la porte saute, les roseaux crient, et toutes ces secousses sont un bien petit écho du grand ébranlement de la nature autour de moi. Le soleil d'hiver fouetté par l'énorme courant s'éparpille,

joint ses rayons, les disperse. De grandes ombres courent
sous un ciel bleu admirable. La lumière arrive par
saccades, les bruits aussi ; et les sonnailles des troupeaux
entendues tout à coup, puis oubliées, perdues dans le
vent, reviennent chanter sous la porte ébranlée avec
le charme d'un refrain... L'heure exquise, c'est le crépuscule, un peu avant que les chasseurs n'arrivent.
Alors le vent s'est calmé. Je sors un moment. En paix
le grand soleil rouge descend, enflammé, sans chaleur.
La nuit tombe, vous frôle en passant de son aile noire
tout humide. Là-bas, au ras du sol, la lumière d'un coup
de feu passe avec l'éclat d'une étoile rouge avivée par
l'ombre environnante. Dans ce qui reste de jour, la vie
se hâte. Un long triangle de canards vole très bas,
comme s'ils voulaient prendre terre ; mais tout à coup
la cabane, où le *caleil* est allumé, les éloigne : celui qui
tient la tête de la colonne dresse le cou, remonte, et
tous les autres derrière lui s'emportent plus haut avec
des cris sauvages.

Bientôt un piétinement immense se rapproche, pareil
à un bruit de pluie. Des milliers de moutons, rappelés
par les bergers, harcelés par les chiens, dont on entend
le galop confus et l'haleine haletante, se pressent vers
les parcs, peureux et indisciplinés. Je suis envahi,
frôlé, confondu dans ce tourbillon de laines frisées, de
bêlements ; une houle véritable où les bergers semblent
portés avec leur ombre par des flots bondissants...
Derrière les troupeaux, voici des pas connus, des voix
joyeuses. La cabane est pleine, animée, bruyante. Les
sarments flambent. On rit d'autant plus qu'on est plus
las. C'est un étourdissement d'heureuse fatigue, les
fusils dans un coin, les grandes bottes jetées pêle-
mêle, les carniers vides, et à côté les plumages roux,
dorés, verts, argentés, tout tachés de sang. La table
est mise ; et dans la fumée d'une bonne soupe d'anguilles, le silence se fait, le grand silence des appétits
robustes, interrompu seulement par les grognements

féroces des chiens qui lapent leur écuelle à tâtons devant la porte...

La veillée sera courte. Déjà près du feu, clignotant lui aussi, il ne reste plus que le garde et moi. Nous causons, c'est-à-dire nous nous jetons de temps en temps l'un à l'autre des demi-mots à la façon des paysans, de ces interjections presque indiennes, courtes et vite éteintes comme les dernières étincelles des sarments consumés. Enfin le garde se lève, allume sa lanterne, et j'écoute son pas lourd qui se perd dans la nuit...

III

A L'ESPÈRE! (A L'AFFUT!)

L'*espère!* quel joli nom pour désigner l'affût, l'attente du chasseur embusqué, et ces heures indécises où tout attend, *espère*, hésite entre le jour et la nuit. L'affût du matin un peu avant le lever du soleil, l'affût du soir au crépuscule. C'est le dernier que je préfère, surtout dans ces pays marécageux où l'eau des *clairs* garde si longtemps la lumière...

Quelquefois on tient l'affût dans le *negochin* (le nayechien), un tout petit bateau sans quille étroit roulant au moindre mouvement. Abrité par les roseaux, le chasseur guette les canards du fond de sa barque, que dépassent seulement la visière d'une casquette, le canon du fusil et la tête du chien flairant le vent, happant les moustiques, ou bien de ses grosses pattes étendues penchant tout le bateau d'un côté et le remplissant d'eau. Cet affût-là est trop compliqué pour mon inexpérience. Aussi, le plus souvent, je vais à l'*espère* à pied, barbotant en plein marécage avec d'énormes bottes taillées dans toute la longueur du cuir. Je marche lentement, prudemment, de peur de m'envaser. J'écarte les roseaux pleins d'odeurs saumâtres et de sauts de grenouilles...

Enfin, voici un îlot de tamaris, un coin de terre sèche où je m'installe. Le garde, pour me faire honneur, a laissé son chien avec moi ; un énorme chien des Pyrénées à grande toison blanche, chasseur et pêcheur de premier ordre, et dont la présence ne laisse pas que de m'intimider un peu. Quand une poule d'eau passe à ma portée, il a une certaine façon ironique de me regarder en rejetant en arrière, d'un coup de tête à l'artiste, deux longues oreilles flasques qui lui pendent dans les yeux ; puis des poses à l'arrêt, des frétillements de queue, toute une mimique d'impatience pour me dire :

— Tire... tire donc !

Je tire, je manque. Alors, allongé de tout son corps, il bâille et s'étire d'un air las, découragé, et insolent...

Eh bien ! oui, j'en conviens, je suis un mauvais chasseur. L'affût, pour moi, c'est l'heure qui tombe, la lumière diminuée, réfugiée dans l'eau, les étangs qui luisent, polissant jusqu'au ton de l'argent fin la teinte grise du ciel assombri. J'aime cette odeur d'eau, ce frôlement mystérieux des insectes dans les roseaux, ce petit murmure des longues feuilles qui frissonnent. De temps en temps, une note triste passe et roule dans le ciel comme un ronflement de conque marine. C'est le butor qui plonge au fond de l'eau son bec immense d'oiseau-pêcheur et souffle... rrrououou ! Des vols de grues filent sur ma tête. J'entends le froissement des plumes, l'ébouriffement du duvet dans l'air vif, et jusqu'au craquement de la petite armature surmenée. Puis, plus rien. C'est la nuit, la nuit profonde, avec un peu de jour resté sur l'eau...

Tout à coup j'éprouve un tressaillement, une espèce de gêne nerveuse, comme si j'avais quelqu'un derrière moi. Je me retourne, et j'aperçois le compagnon des belles nuits, la lune, une large lune toute ronde, qui se lève doucement, avec un mouvement d'ascension d'abord très sensible, et se ralentissant à mesure qu'elle s'éloigne de l'horizon.

Déjà un premier rayon est distinct près de moi, puis un autre un peu plus loin... Maintenant tout le marécage est allumé. La moindre touffe d'herbe a son ombre. L'affût est fini, les oiseaux nous voient : il faut rentrer. On marche au milieu d'une inondation de lumière bleue, légère, poussiéreuse ; et chacun de nos pas dans les *clairs*, dans les *roubines*, y remue des tas d'étoiles tombées et des rayons de lune qui traversent l'eau jusqu'au fond.

IV

LE ROUGE ET LE BLANC

Tout près de chez nous, à une portée de fusil de la cabane, il y en a une autre qui lui ressemble, mais plus rustique. C'est là que notre garde habite avec sa femme et ses deux aînés : la fille, qui soigne le repas des hommes, raccommode les filets de pêche ; le garçon, qui aide son père à relever les nasses, à surveiller les *martilières* (vannes) des étangs. Les deux plus jeunes sont à Arles, chez la grand-mère ; et ils y resteront jusqu'à ce qu'ils aient appris à lire et qu'ils aient fait leur *bon jour* (première communion), car ici on est trop loin de l'église et de l'école, et puis l'air de la Camargue ne vaudrait rien pour ces petits. Le fait est que, l'été venu, quand les marais sont à sec et que la vase blanche des *roubines* se crevasse à la grande chaleur, l'île n'est vraiment pas habitable.

J'ai vu cela une fois au mois d'août, en venant tirer les hallebrands, et je n'oublierai jamais l'aspect triste et féroce de ce paysage embrasé. De place en place, les étangs fumaient au soleil comme d'immenses cuves, gardant tout au fond un reste de vie qui s'agitait, un grouillement de salamandres, d'araignées, de mouches d'eau cherchant des coins humides. Il y avait là un air de peste, une brume de miasmes lourdement flottante qu'épaississaient encore d'innombrables tourbillons de moustiques. Chez le garde, tout le monde grelottait, tout le monde avait la fièvre, et c'était pitié de voir les visages jaunes, tirés, les yeux cerclés, trop grands, de ces malheureux condamnés à se traîner, pendant trois mois, sous ce plein soleil inexorable qui brûle les fiévreux sans les réchauffer... Triste et pénible vie que celle de garde-chasse en Camargue! Encore celui-là a sa femme et ses enfants près de lui; mais à deux lieues plus loin, dans le marécage, demeure un gardien de chevaux qui, lui, vit absolument seul d'un bout de l'année à l'autre et mène une véritable existence de Robinson. Dans sa cabane de roseaux, qu'il a construite lui-même, pas un ustensile qui ne soit son ouvrage, depuis le hamac d'osier tressé, les trois pierres noires assemblées en foyer, les pieds de tamaris taillés en escabeaux, jusqu'à la serrure et la clé de bois blanc fermant cette singulière habitation.

L'homme est au moins aussi étrange que son logis. C'est une espèce de philosophe silencieux comme les solitaires, abritant sa méfiance de paysan sous d'épais sourcils en broussailles. Quand il n'est pas dans le pâturage, on le trouve assis devant sa porte, déchiffrant lentement, avec une application enfantine et touchante, une de ces petites brochures roses, bleues ou jaunes, qui entourent les fioles pharmaceutiques dont il se sert pour ses chevaux. Le pauvre diable n'a pas d'autre distraction que la lecture, ni d'autres livres que ceux-là. Quoique voisins de cabane, notre garde et lui ne se voient pas. Ils évitent même de se rencontrer. Un jour que je demandais au *roudeïroù* la raison de cette antipathie, il me répondit d'un air grave :

— C'est à cause des opinions... Il est rouge, et moi je suis blanc.

Ainsi, même dans ce désert dont la solitude aurait
dû les rapprocher, ces deux sauvages, aussi ignorants,
aussi naïfs l'un que l'autre, ces deux bouviers de Théocrite, qui vont à la ville à peine une fois par an et à qui
les petits cafés d'Arles, avec leurs dorures et leurs
glaces, donnent l'éblouissement du palais des Ptolé-
mées, ont trouvé moyen de se haïr au nom de leurs
convictions politiques!

V

LE VACCARÈS

Ce qu'il y a de plus beau en Camargue, c'est le
Vaccarès. Souvent, abandonnant la chasse, je viens
m'asseoir au bord de ce lac salé, une petite mer qui
semble un morceau de la grande, enfermé dans les
terres et devenu familier par sa captivité même. Au
lieu de ce dessèchement, de cette aridité qui attristent
d'ordinaire les côtes, le Vaccarès, sur son rivage un
peu haut, tout vert d'herbe fine, veloutée, étale une
flore originale et charmante : des centaurées, des
trèfles d'eau, des gentianes, et ces jolies *saladelles*, bleues
en hiver, rouges en été, qui transforment leur couleur
au changement d'atmosphère, et dans une floraison
ininterrompue marquent les saisons de leurs tons divers.

Vers cinq heures du soir, à l'heure où le soleil
décline, ces trois lieues d'eau sans une barque, sans
une voile pour limiter, transformer leur étendue, ont
un aspect admirable. Ce n'est plus le charme intime des
clairs, des *roubines*, apparaissant de distance en distance entre les plis d'un terrain marneux sous lequel
on sent l'eau filtrer partout, prête à se montrer à la
moindre dépression du sol. Ici, l'impression est grande,
large.

De loin, ce rayonnement de vagues attire des troupes de macreuses, des hérons, des butors, des flamants au ventre blanc, aux ailes roses, s'alignant pour pêcher tout le long du rivage, de façon à disposer leurs teintes diverses en une longue bande égale; et puis des ibis, de vrais ibis d'Egypte, bien chez eux dans ce soleil splendide et ce paysage muet. De ma place, en effet, je n'entends rien que l'eau qui clapote, et la voix du gardien qui rappelle ses chevaux dispersés sur le bord. Ils ont tous des noms retentissants : « Cifer!... (Lucifer). L'Estello!... L'Estournello!... » Chaque bête, en s'entendant nommer, accourt, la crinière au vent, et vient manger l'avoine dans la main du gardien...

Plus loin, toujours sur la même rive, se trouve une grande *manado* (troupeau) de bœufs paissant en liberté comme les chevaux. De temps en temps, j'aperçois au-dessus d'un bouquet de tamaris l'arête de leurs dos courbés, et leurs petites cornes en croissant qui se dressent. La plupart de ces bœufs de Camargue sont élevés pour courir dans les *ferrades*, les fêtes de villages; et quelques-uns ont des noms déjà célèbres par tous les cirques de Provence et de Languedoc. C'est ainsi que la *manado* voisine compte entre autres un terrible combattant appelé *le Romain*, qui a décousu je ne sais combien d'hommes et de chevaux aux courses d'Arles, de Nîmes, de Tarascon. Aussi ses compagnons l'ont-ils pris pour chef; car dans ces étranges troupeaux les bêtes se gouvernent elles-mêmes, groupées autour d'un vieux taureau qu'elles adoptent comme conducteur. Quand un ouragan tombe sur la Camargue, terrible dans cette grande plaine où rien ne le détourne, ne l'arrête, il faut voir la *manado* se serrer derrière son chef, toutes les têtes baissées tournant du côté du vent ces larges fronts où la force du bœuf se condense. Nos bergers provençaux appellent cette manœuvre : *vira la bano au giscle* — tourner la corne au vent. Et malheur aux troupeaux qui ne s'y conforment pas!

Aveuglée par la pluie, entraînée par l'ouragan, la
manado en déroute tourne sur elle-même, s'effare, se
disperse, et les bœufs éperdus, courant devant eux pour
échapper à la tempête, se précipitent dans le Rhône,
dans le Vaccarès ou dans la mer.

NOSTALGIES DE CASERNE

Ce matin, aux premières clartés de l'aube, un formidable roulement de tambour me réveille en sursaut... Ran plan plan! Ran plan plan!...

Un tambour dans mes pins à pareille heure!... Voilà qui est singulier, par exemple.

Vite, vite, je me jette à bas de mon lit et je cours ouvrir la porte.

Personne! Le bruit s'est tu... Du milieu des lambrusques mouillées, deux ou trois courlis s'envolent en secouant leurs ailes... Un peu de brise chante dans les arbres... Vers l'orient, sur la crête fine des Alpilles, s'entasse une poussière d'or d'où le soleil sort lentement... Un premier rayon frise déjà le toit du moulin. Au même moment, le tambour, invisible, se met à battre aux champs sous le couvert... Ran... plan... plan, plan, plan.

Le diable soit de la peau d'âne! Je l'avais oubliée. Mais enfin, quel est donc le sauvage qui vient saluer l'aurore au fond des bois avec un tambour?... J'ai beau regarder, je ne vois rien... rien que les touffes de lavande, et les pins qui dégringolent jusqu'en bas sur la route... Il y a peut-être par-là dans le fourré quelque lutin caché en train de se moquer de moi... C'est Ariel, sans doute, ou maître Puck. Le drôle se sera dit, en passant devant mon moulin :

— Ce Parisien est trop tranquille là-dedans, allons lui donner l'aubade.

Sur quoi, il aura pris un gros tambour, et... ran plan plan!... ran plan plan!... Te tairas-tu, gredin de Puck! tu vas réveiller mes cigales.

Ce n'était pas Puck.

C'était Gouguet François, dit Pistolet, tambour au 31ᵉ de ligne, et pour le moment en congé de semestre. Pistolet s'ennuie au pays, il a des nostalgies, ce tambour, et — quand on veut bien lui prêter l'instrument de la commune — il s'en va, mélancolique, battre la caisse dans les bois, en rêvant de la caserne du Prince-Eugène.

C'est sur ma petite colline verte qu'il est venu rêver aujourd'hui... Il est là, debout contre un pin, son tambour entre ses jambes et s'en donnant à cœur joie... Des vols de perdreaux effarouchés partent à ses pieds sans qu'il s'en aperçoive. La férigoule embaume autour de lui, il ne la sent pas.

Il ne voit pas non plus les fines toiles d'araignée qui tremblent au soleil entre les branches, ni les aiguilles de pin qui sautillent sur son tambour. Tout entier à son rêve et à sa musique, il regarde amoureusement voler ses baguettes, et sa grosse face niaise s'épanouit de plaisir à chaque roulement.

Ran plan plan! Ran plan plan!...

« Qu'elle est belle, la grande caserne, avec sa cour aux larges dalles, ses rangées de fenêtres bien alignées, son peuple en bonnet de police, et ses arcades basses pleines du bruit des gamelles!... »

Ran plan plan! Ran plan plan!...

« Oh! l'escalier sonore, les corridors peints à la chaux, la chambrée odorante, les ceinturons qu'on astique, la planche au pain, les pots de cirage, les couchettes de fer à couverture grise, les fusils qui reluisent au râtelier! »

Ran plan plan! Ran plan plan!...

« Oh! les bonnes journées du corps de garde, les cartes qui poissent aux doigts, la dame de pique hideuse avec des agréments à la plume, le vieux Pigault-Lebrun dépareillé qui traîne sur le lit de camp!... »

Ran plan plan! Ran plan plan!

« Oh! les longues nuits de faction à la porte des ministères, la vieille guérite où la pluie entre, les pieds qui ont froid!... les voitures de gala qui vous éclaboussent en passant!... Oh! la corvée supplémentaire, les jours de bloc, le baquet puant, l'oreiller de planche, la diane froide par les matins pluvieux, la retraite dans les brouillards à l'heure où le gaz s'allume, l'appel du soir où l'on arrive essoufflé! »

Ran plan plan! Ran plan plan!

« Oh! le bois de Vincennes, les gros gants de coton blanc, les promenades sur les fortifications... Oh! la barrière de l'Ecole, les filles à soldats, le piston du Salon de Mars, l'absinthe dans les bouisbouis, les confidences entre deux hoquets, les briquets qu'on dégaîne, la romance sentimentale chantée une main sur le cœur!... »

Rêve, rêve, pauvre homme! ce n'est pas moi qui t'en empêcherai...; tape hardiment sur ta caisse, tape à tour de bras. Je n'ai pas le droit de te trouver ridicule.

Si tu as la nostalgie de ta caserne, est-ce que, moi, je n'ai pas la nostalgie de la mienne ?

Mon Paris me poursuit jusqu'ici comme le tien. Tu joues du tambour sous les pins, toi! Moi, j'y fais de la copie... Ah! les bons Provençaux que nous faisons! Là-bas, dans les casernes de Paris, nous regrettions nos Alpilles bleues et l'odeur sauvage des lavandes; maintenant, ici, en pleine Provence, la caserne nous manque, et tout ce qui la rappelle nous est cher!...

Huit heures sonnent au village. Pistolet, sans lâcher ses baguettes, s'est mis en route pour rentrer... On

l'entend descendre sous le bois, jouant toujours.... Et
moi, couché dans l'herbe, malade de nostalgie, je crois
voir, au bruit du tambour qui s'éloigne, tout mon
Paris défiler entre les pins...

Ah! Paris!... Paris!... Toujours Paris!

ARCHIVES DE L'ŒUVRE

LETTRES DE MON MOULIN

Sur la route d'Arles aux carrières de Fontvieille, passé le mont de Corde et l'abbaye de Montmajour, se dresse vers la droite, en amont d'un grand bourg poudreux et blanc comme un chantier de pierres, une montagnette chargée de pins, d'un vert désaltérant dans le paysage brûlé. Des ailes de moulin tournaient dans le haut; en bas s'accote une grande maison blanche, le domaine de Montauban, originale et vieille demeure qui commence en château, large perron, terrasse italienne à pilastres, et se termine en murailles de *mas* campagnard, avec les perchoirs pour les paons, la vigne au-dessus de la porte, le puits dont un figuier enguirlande les ferrures, les hangars où reluisent les herses et les araires, le parc aux brebis devant un champ de grêles amandiers qui fleurissent en bouquets roses vite effeuillés au vent de mars. Ce sont les seules fleurs de Montauban. Ni pelouses, ni parterres, rien qui rappelle le jardin, la propriété enclose; seulement des massifs de pins dans le gris des roches, un parc naturel et sauvage, aux allées en fouillis, toutes glissantes d'aiguilles sèches. A l'intérieur, même disparate de manoir et de ferme, des galeries dallées et fraîches, meublées de canapés et de fauteuils Louis XVI, cannés et contournés, si commodes aux siestes estivales; larges escaliers,

corridors pompeux où le vent s'engouffre et siffle sous
les portes des chambres, agite leurs lampas à grandes
raies de l'ancien temps. Puis, deux marches franchies,
voici la salle rustique au sol battu, gondolé, que grattent
les poules venues pour ramasser les miettes du déjeuner de la ferme, aux murs crépis soutenant des cré-
dences en noyer, la *panière* et le pétrin ciselés naïvement.

Une vieille famille provençale habitait là, il y a
vingt ans, non moins originale et charmante que son
logis. La mère, bourgeoise de campagne, très âgée
mais droite encore sous ses bonnets de veuve qu'elle
n'avait jamais quittés, menant seule ce domaine consi-
dérable d'oliviers, de blés, de vignes, de mûriers ; près
d'elle, ses quatre fils, quatre vieux garçons qu'on dési-
gnait par les professions qu'ils avaient exercées ou
exerçaient encore, le Maire, le Consul, le Notaire,
l'Avocat. Leur père mort, leur sœur mariée, ils s'étaient
serrés tous quatre autour de la vieille femme, lui faisant
le sacrifice de leurs ambitions et de leurs goûts, unis
dans l'exclusif amour de celle qu'ils appelaient leur
« chère maman » avec une intonation respectueuse et
attendrie.

Braves gens, maison bénie!... Que de fois, l'hiver,
je suis venu là me reprendre à la nature, me guérir de
Paris et de ses fièvres, aux saines émanations de nos
petites collines provençales. J'arrivais sans prévenir,
sûr de l'accueil, annoncé par la fanfare des paons, des
chiens de chasse, Miracle, Miraclet, Tambour, qui
gambadaient autour de la voiture, pendant que s'agitait la coiffe arlésienne de la servante effarée, courant
avertir ses maîtres, et que la « chère maman » me
serrait sur son petit châle à carreaux gris, comme si
j'avais été un de ses garçons. Cinq minutes de tumulte,
puis les embrassades finies, ma malle dans ma chambre,
toute la maison redevenait silencieuse et calme. Moi
je sifflais le vieux Miracle, — un épagneul trouvé à la

mer, sur une épave, par des pêcheurs de Faraman, —
et je montais à mon moulin.

Une ruine, ce moulin ; un débris croulant de pierre,
de fer et de vieilles planches, qu'on n'avait pas mis au
vent depuis des années et qui gisait, les membres rom-
pus, inutile comme un poète, tandis que tout autour
sur la côte la meunerie prospérait et virait à toutes
ailes. D'étranges affinités existent de nous aux choses.
Dès le premier jour, ce déclassé m'avait été cher ; je
l'aimais pour sa détresse, son chemin perdu sous les
herbes, ces petites herbes de montagne grisâtres et
parfumées avec lesquelles le Père Gaucher composait
son élixir, pour sa plate-forme effritée où il faisait bon
s'acagnarder à l'abri du vent, pendant qu'un lapin
détalait ou qu'une longue couleuvre aux détours frois-
sants et sournois venait chasser les mulots dont la
masure fourmillait. Avec son craquement de vieille
bâtisse secouée par la tramontane, le bruit d'agrès de
ses ailes en loques, le moulin remuait dans ma pauvre
tête inquiète et voyageuse des souvenirs de courses en
mer, de haltes dans des phares, des îles lointaines ; et
la houle frémissante tout autour complétait cette illu-
sion. Je ne sais d'où m'est venu ce goût de désert et
de sauvagerie, en moi depuis l'enfance, et qui semble
aller si peu à l'exubérance de ma nature, à moins qu'il
ne soit en même temps le besoin physique de réparer
dans un jeûne de paroles, dans une abstinence de cris
et de gestes, l'effroyable dépense que fait le méridional
de tout son être. En tout cas, je dois beaucoup à ces
retraites spirituelles ; et nulle ne me fut plus salutaire
que ce vieux moulin de Provence. J'eus même un
moment l'envie de l'acheter ; et l'on pourrait trouver
chez le notaire de Fontvieille un acte de vente resté à
l'état de projet, mais dont je me suis servi pour faire
l'avant-propos de mon livre.

Mon moulin ne m'appartint jamais. Ce qui ne m'em-
pêchait pas d'y passer de longues journées de rêves.

de souvenirs, jusqu'à l'heure où le soleil hivernal descendait entre les petites collines rases dont il remplissait les creux comme d'un métal en fusion, d'une coulée
d'or toute fumante. Alors, à l'appel d'une conque
marine, la trompe de M. Seguin sonnant sa chèvre, je
rentrais pour le repas du soir autour de la table hospi-
talière et fantaisiste de Montauban, servie selon les
goûts et les habitudes de chacun : le vin de Constance
du Consul à côté de l'*eau bouillie* ou de l'assiette de
châtaignes blanches dont la vieille mère faisait son
dîner frugal. Le café pris, les pipes allumées, les
quatre garçons descendus au village, je restais seul à
faire causer l'excellente femme, caractère énergique et
bon, intelligence subtile, mémoire pleine d'histoires
qu'elle racontait avec tant de simplicité et d'éloquence :
des choses de son enfance, humanité disparue, mœurs
évanouies, la cueillette du vermillon sur les feuilles des
chênes-kermès, 1815, l'invasion, le grand cri d'allège-
ment de toutes les mères à la chute du premier empire,
les danses, les feux de joie allumés sur les places, et le
bel officier cosaque en habit vert qui l'avait fait sauter
comme une chèvre, farandoler toute une nuit sur le
pont de Beaucaire. Puis son mariage, la mort de son
mari, de sa fille aînée, que des pressentiments, un
brusque coup au cœur lui révélaient à plusieurs lieues
de distance, des deuils, des naissances, une translation
de cendres chères quand on ferma le cimetière vieux.
C'était comme si j'avais feuilleté un de ces anciens
livres de maison, à tranches fatiguées, où s'inscrivait
autrefois l'histoire morale des familles, mêlée aux
détails vulgaires de l'existence courante, et les comptes
des bonnes années de vin et d'huile à côté de véritables
miracles de sacrifice et de résignation. Dans cette bourgeoise à demi rustique, je sentais une âme bien féminine, délicate, intuitive, une grâce malicieuse et igno-
rante de petite fille. Fatiguée de parler, elle s'enfonçait
dans son grand fauteuil, loin de la lampe; l'ombre

d'une nuit tombante fermait ses paupières creuses, envahissait son vieux visage aux grandes lignes, ridé, crevassé, raviné par le soc et la herse ; et muette, immobile, j'aurais pu croire qu'elle dormait, sans le cliquetis de son chapelet que ses doigts égrenaient au fond de sa poche. Alors je m'en allais doucement finir ma soirée à la cuisine.

Sous l'auvent d'une cheminée gigantesque où la lampe de cuivre pendait accrochée, une nombreuse compagnie se serrait devant un feu clair de pieds d'oliviers, dont la flamme irrégulière éclairait bizarrement les coiffes pointues et les vestes de cadis jaune. A la place d'honneur, sur la pierre du foyer, le berger accroupi, le menton ras, le cuir tanné, son *cachimbau* (pipe courte) au coin de la bouche finement dessinée, parlait à peine, ayant pris l'habitude du silence contemplatif dans ses longs mois de transhumance sur les Alpes dauphinoises, en face des étoiles qu'il connaissait toutes, depuis *Jean de Milan* jusqu'au *Char des âmes*. Entre deux bouffées de pipe, il jetait en son patois sonore des sentences, des paraboles inachevées, de mystérieux proverbes dont j'ai retenu quelques-uns.

« *La chanson de Paris, la plus grande pitié du monde... L'homme par la parole et le bœuf par la corne... Besogne de singe, peu et mal... Lune pâle, l'eau dévale... Lune rouge, le vent bouge... Lune blanche, journée franche.* » Et tous les soirs le même centon avec lequel il levait la séance : « *Au plus la vieille allait, au plus elle apprenait, et pour ce, mourir ne voulait.* »

Près de lui, le garde Mitifio dit Pistolet, aux yeux farceurs, à la barbiche blanche, amusait la veillée d'un tas de contes, de légendes, que ravivait chaque fois sa pointe railleuse et gamine, bien provençale. Quelquefois, au milieu des rires soulevés par une histoire de Pistolet, le berger disait très grave : « Si pour avoir la barbe blanche on était réputé sage, les chèvres le devraient être. » Il y avait encore le vieux Siblet, le cocher Dominique, et un petit bossu surnommé *lou Roudéiroù* (le Rôdeur), une sorte de farfadet, d'espion de village, regards aigus perçant la nuit et les murailles, âme coléreuse, dévorée de haines religieuses et politiques.

Il fallait l'entendre raconter et imiter le vieux Jean Coste, un rouge de 93, mort depuis peu et jusqu'au bout fidèle à ses croyances. Le voyage de Jean Coste, vingt lieues à pied pour aller voir guillotiner le curé et les deux *secondaires* (vicaires) de son village. « C'est que, mes enfants, quand je les vis passer leurs têtes à la lunette — et ça ne leur allait pas de passer leurs têtes à la lunette — eh! nom d'un Dieu, tout de même, j'eus du plaisir... *taben aguéré dé plesi...* » Jean Coste, tout grelottant, chauffant sa vieille carcasse à quelque mur embrasé de lumière et disant aux garçons autour de lui : « Jeunes gens, avez-vous lu Volney ?... *Jouven auès legi Voulney ?* Celui-là prouve mathématiquement qu'il n'y a pas d'autre Dieu que le soleil!... *Gès dé Diou, doum dé Liou! rèn qué lou souleù!* » Et ses jugements sur les hommes de la Révolution : « Marat, bonhomme... Saint-Just, bonhomme... Danton aussi, bonhomme... Mais, sur la fin, il s'était gâté, il était tombé dans le modérantisme... *dins lou mouderantismo!* » Et l'agonie de Jean Coste dressé en spectre sur son lit et parlant français une fois dans sa vie pour jeter au visage du prêtre : « Retire-toi, corbeau... la charogne il n'est pas encore morte... » Si terriblement le petit bossu accentuait ce dernier cri que les femmes poussaient des « Aïe!... bonne mère!... » et que les chiens endormis s'éveillaient, grondant en sursaut vers la porte battue par la plainte du vent de nuit, jusqu'à ce qu'une voix féminine, aiguë et fraîche, entonnât pour dissiper la fâcheuse impression quelque Noël de Saboly : « *J'ai vu dans l'air — un ange tout vert — qui avait de grand's ailes — dessus ses épaules...* » ou bien l'arrivée des mages à Bethléem : « *Voici le roi Maure*

— avec ses yeux tout trévirés; — l'enfant Jésus pleure,
— le roi n'ose plus entrer... » un air naïf et vif de galou-
bet que je notais avec toutes les images, expressions,
traditions locales ramassées dans la cendre de ce vieux
foyer.

Souvent aussi ma fantaisie rayonnait en petits
voyages autour du moulin. C'était une partie de chasse
ou de pêche en Camargue, vers l'étang du Vaccarès,
parmi les bœufs et les chevaux sauvages librement
lâchés dans ce coin de pampas. Un autre jour, j'allais
rejoindre mes amis les poètes provençaux, les Félibres.
A cette époque, le Félibrige n'était pas encore érigé
en institution académique. Nous étions aux premiers
jours de l'*Eglise*, aux heures ferventes et naïves, sans
schismes ni rivalités. A cinq ou six bons compagnons,
rires d'enfants, dans des barbes d'apôtres, on avait
rendez-vous tantôt à Maillane, dans le petit village de
Frédéric Mistral, dont me séparait la dentelle rocheuse
des Alpilles; tantôt à Arles, sur le forum, au milieu
d'un grouillement de bouviers et de pâtres venus pour
se louer aux gens des *Mas*. On allait aux Aliscamps
écouter, couchés dans l'herbe parmi les sarcophages
de pierre grise, quelque beau drame de Théodore Aubanel, tandis que l'air vibrait de cigales et que sonnaient
ironiquement derrière un rideau d'arbres pâles les
coups de marteau des ateliers du P.-L.-M. Après la
lecture, un tour sur la Lice pour voir passer sous ses
guimpes blanches et sa coiffe en petit casque la fière et
coquette Arlésienne pour qui le pauvre Jan s'est tué
par amour. D'autres fois, nos rendez-vous se donnaient
à la ville des Baux, cet amas poudreux de ruines, de
roches sauvages, de vieux palais écussonnés, s'effritant,
branlant au vent comme un nid d'aigle sur la hauteur
d'où l'on découvre après des plaines et des plaines,
une ligne d'un bleu plus pur, étincelant, qui est la mer.
On soupait à l'auberge de Cornille; et tout le soir, on
errait en chantant des vers au milieu des petites ruelles

découpées, de murs croulants, de reste d'escaliers, de
chapiteaux découronnés, dans une lumière fantômale
qui frisait les herbes et les pierres comme d'une neige
légère. « Des poètes, *anén!...* » disait maître Cornille...
« De ces personnes qui z'aiment à voir les ruines au
clair de lune. »

Le Félibrige s'assemblait encore dans les roseaux de
l'île de la Barthelasse, en face des remparts d'Avignon
et du palais papal, témoin des intrigues, des aventures
du petit Védène. Puis, après un déjeuner dans quelque
cabaret de marine, on montait chez le poète Anselme
Mathieu à Châteauneuf-des-Papẹs, fameux par ses
vignes qui furent longtemps les plus renommées de
Provence. Oh! le vin des papes, le vin doré, royal,
impérial, pontifical, nous le buvions, là-haut sur la
côte, en chantant des vers de Mistral, des fragments
nouveaux des *Iles d'or* : « En Arles, au temps des fades
— florissait — la reine Ponsirade — un rosier... » ou
encore la belle chanson de mer : « Le bâtiment vient
de Mayorque — avec un chargement d'oranges... »
Et l'on pouvait s'y croire à Mayorque, devant ce ciel
embrasé, ces pentes de vignobles, étayées de murtins
en pierre sèche, parmi les oliviers, les grenadiers, les
myrtes. Par les fenêtres ouvertes, les rimes partaient
en vibrant comme des abeilles; et l'on s'envolait derrière elles, des jours entiers, à travers ce joyeux pays
du Comtat, courant les *votes* et les ferrades, faisant
des haltes dans les bourgs, sous les platanes du Cours
et de la Place, et du haut du char à banc qui nous
portait, à grand tapage de cris et de gestes, distribuant
l'orviétan au peuple assemblé. Notre orviétan, c'était
des vers provençaux, de beaux vers dans la langue de
ces paysans qui comprenaient et acclamaient les
strophes de *Mireille*, la *Vénus d'Arles* d'Aubanel, une
légende d'Anselme Mathieu ou de Roumanille, et
reprenaient en chœur avec nous la chanson du soleil :
Grand soleil de la Provence, — gai compère du mistral.

— toi qui siffles la Durance — comme un coup de vin de Crau... Le tout se terminait par quelque bal improvisé, une farandole, garçons et filles en costume de travail, et les bouchons sautaient sur les petites tables, et s'il se trouvait une vieille marmoteuse d'oraisons pour critiquer nos gaietés de libre allure, le beau Mistral, fier comme le roi David, lui disait du haut de sa grandeur : « Laissez, laissez, la mère... les poètes, tout leur est permis... » Et confidentiellement, clignant de l'œil à la vieille qui s'inclinait, respectueuse, éblouie : « *Es nautré qué fasen li saumé...* C'est nous qui faisons les psaumes... »

Et comme c'était bon, après une de ces escapades lyriques, de revenir au moulin se reposer sur l'herbe de la plate-forme, songer au livre que j'écrirais plus tard avec tout cela, un livre où je mettrais le bourdonnement qui me restait aux oreilles de ces chants, de ces rires clairs, de ces féeriques légendes, un reflet aussi de ce soleil vibrant, le parfum de ces collines brûlées, et que je daterais de ma ruine aux ailes mortes.

Les premières *Lettres de mon moulin* ont paru vers 1866 dans un journal parisien où ces chroniques provençales, signées d'abord d'un double pseudonyme emprunté à Balzac « Marie-Gaston », détonnaient avec un goût d'étrangeté. Gaston, c'était mon camarade Paul Arène qui, tout jeune, venait de débuter à l'Odéon par un petit acte étincelant d'esprit, de coloris, et vivait tout près de moi, à l'orée du bois de Meudon. Mais quoique ce parfait écrivain n'eût pas encore à son acquis *Jean des Figues*, ni *Paris ingénu*, ni tant de pages délicates et fermes, il avait déjà trop de vrai talent, une personnalité trop réelle pour se contenter longtemps de cet emploi d'aide-meunier. Je restai donc seul à moudre mes petites histoires, au caprice du vent, de l'heure, dans une existence terriblement agitée. Il y eut des intermittences, des cassures ; puis, je me mariai et j'emmenai ma femme en Provence pour lui montrer mon moulin. Rien n'avait changé là-bas, ni le paysage ni l'accueil. La vieille mère nous serra tous deux tendrement contre son petit châle à carreaux, et l'on fit, à la table des garçons, une petite place pour la *novio*. Elle s'assit à mon côté sur la plate-forme du moulin où la tramontane, voyant venir cette Parisienne ennemie du soleil et du vent, s'amusait à la chiffonner, à la rouler, à l'emporter dans un tourbillon comme la jeune Tarentine de Chénier. Et c'est au retour de ce voyage que, repris par ma Provence, je commençai au *Figaro* une nouvelle série des *Lettres de mon moulin*, *les Vieux*, *la Mule du pape*, *l'Elixir du Père Gaucher*, etc., écrits à Champrosay, dans cet atelier d'Eugène Delacroix dont j'ai déjà parlé pour l'histoire de *Jack* et de *Robert Helmont*. Le volume parut chez Hetzel en 1869, se vendit péniblement à deux mille exemplaires, attendant, comme les autres œuvres de mon début, que la vogue des romans leur fît un regain de vente et de publicité. N'importe ! c'est encore là mon livre préféré, non pas au point de vue littéraire, mais parce qu'il me rappelle les plus belles heures de ma jeunesse, rires fous, ivresses sans remords, des visages et des aspects amis que je ne reverrai plus jamais.

Aujourd'hui Montauban est désert. La chère maman est morte, les garçons dispersés, le vin de Châteauneuf rongé jusqu'à la dernière grappe. Où Miracle et Miraclet, Siblet, Mitifio, le Roudéirou ? Si j'allais là-bas, je ne trouverais plus personne. Seulement les pins, me dit-on, ont beaucoup grandi ; et sur leur houle verte scintillante, restauré, rentoilé comme une corvette à flot, mon moulin vire dans le soleil, poète remis au vent, rêveur retourné à la vie.

IL ÉTAIT UN PETIT NAVIRE

Cette nuit je n'ai pas pu dormir. Le mistral était en colère et les éclats de sa grande voix m'ont tenu éveillé jusqu'au matin... Balançant lourdement ses trois ailes mutilées qui sifflaient à la bise comme les agrès d'un navire, tout le moulin craquait. Des tuiles s'envolaient de sa toiture en déroute. De gros coups de vent, ainsi que des paquets de mer, tombaient dru sur la porte et faisaient crier ses gonds. Tout autour, les pins serrés, dont la colline est couverte, s'agitaient et bruissaient dans l'ombre; — on se serait cru en plein Océan...

Cette nuit, je n'ai pas pu dormir.

J'avais lu, le matin, qu'une petite barque américaine — le *Blue, white and red* — était partie de là-bas, montée seulement de deux hommes, pour essayer de franchir l'Atlantique; et, toute la nuit, j'ai pensé à cette barque et à ces deux hommes... Je les voyais bondir sur la crête blanche des lames, courant des bordées aveugles au caprice de l'ouragan. Je me disais : « Peut-être ce même coup de vent, qui passe en ce moment sur ma tête, gronde aussi dans leur mâture et met leurs voiles en lambeaux... »

Je frémissais pour eux en entendant redoubler la tempête, et, dans le fond de mon cœur, je suppliais la grande mer d'avoir pitié de la petite barque...

Cette nuit, je n'ai pas pu dormir.

Or, savez-vous pourquoi le *Blue, white and red*, s'en va follement ainsi de New York à Southampton!

Pour faire une niche au *Léviathan*. Pas autre chose... John Bull avait le plus gros navire qui eût jamais traversé l'Atlantique, frère Jonathan a voulu avoir le plus petit.

J'en suis fâché pour vous, frère Jonathan; mais bien longtemps avant votre *Blue, white and red*, en

France, nous avions eu notre petit *Brise-Cailloux*.

C'était une barque ponantaise, à peu près du même tonnage que la vôtre, — qui, vers 1816, partit de La Rochelle et se rendit en Amérique, montée par trois marins de chez nous.

Voici dans quelles circonstances le *Brise-Cailloux* entreprit cette formidable traversée :

Lorsqu'en 1815, l'Empereur Napoléon passa à l'île d'Aix pour aller se livrer aux Anglais, un ancien lieutenant de vaisseau, nommé Vildieu, vint proposer au pauvre grand homme de l'emmener en Amérique à la barbe des croiseurs anglais. Ce lieutenant Vildieu était un bonapartiste enragé, de plus un excellent marin, ayant étudié tout spécialement la direction des petites embarcations en pleine mer... Il répondait de son *Brise-Cailloux* et se faisait fort d'aller avec lui jusqu'au bout du monde.

L'Empereur l'écouta longuement, marchant à grands pas sans rien dire ; — à la fin il s'arrêta, regarda la mer pendant quelques minutes, puis secoua la tête et ce fut tout...

Le projet Vildieu n'inspirait pas confiance. L'Océan est si traître !... On aima mieux se fier aux Anglais.

Quelques mois après, le lieutenant Vildieu, qui avait son refus sur le cœur, voulut prouver aux amis de l'Empereur que ce projet de fuite en Amérique n'avait rien d'irréalisable, et sur ce même petit navire, qu'il avait offert à Napoléon, il s'embarqua avec deux aspirants de marine démissionnaires, dont le plus jeune était son fils.

La traversée fut longue et rude.

Le *Brise-Cailloux*, soigneusement aménagé, avait à son bord quelques barils d'eau douce, de pemmican et de biscuit. Pour de la viande fraîche, il n'y fallait pas songer ; une cage à poules aurait tenu la moitié du navire... Jusqu'au dernier jour, les distributions de vivres furent réglées avec la plus grande prudence, et c'est grâce à cela seulement que l'équipage n'eut pas trop à souffrir... Pourtant ce régime de viandes salées finit par devenir fatiguant. Les bouches étaient sèches, on avait soif; mais, qu'on eût soif ou non, deux rations d'eau pas jour; jamais davantage.

Une fois, par une mer tranquille, quelque chose de rond vint flotter le long de la barque.

— Une pomme! cria joyeusement l'homme de la barre.

C'était une pomme! une belle pomme au milieu de l'Océan.

Sans doute elle était tombée de quelque navire qui avait passé par là, la veille ou l'avant-veille.

On en fit hommage au capitaine; mais le capitaine était bon prince et voulut que tout l'équipage la partageât avec lui.

Bien qu'un peu gâtée par l'eau de mer, la pomme fut trouvée excellente, et ce jour-là il y eut bombance à bord du *Brise-Cailloux*...

Le voyage avait ses bons moments, comme on voit, mais il avait aussi ses heures mauvaises; — les coups de vent, les nuits sans sommeil et les longues journées brumeuses... Parfois, quand la mer était trop dure, — à la garde de Dieu! On attachait la barre, on amenait la voile, l'équipage s'enfermait dans l'entrepont, et on laissait faire la tempête. Puis quand la tempête avait fait, nos trois marins remontaient sur le pont; on s'orientait, et en marche!

Enfin, au bout de six semaines, la côte d'Amérique apparut; il était temps!

Quelques heures après, le *Brise-Cailloux* entrait au port.

— Ouf! je suis arrivée! dit la petite barque, et comme dans la rade il y avait trop de fond pour son ancre, elle alla s'accrocher aux flancs d'une frégate qui se trouvait là.

Le gros navire la regarda faire, étonné.

— D'où venez-vous ? leur cria-t-on.

Nos trois héros se découvrirent, et répondirent fièrement :

— De France !

On ne voulait pas les croire.

C'est M. Vildieu fils, le dernier survivant de l'équipage du *Brise-Cailloux*, qui m'a fait le récit de cette expédition, il y a trois ans, un soir d'hiver. L'aspirant de 1816 était alors un vieux marin de la douane, sur le point de prendre sa retraite, mais encore passionné pour la mer. Il m'emmenait souvent avec lui dans ses tournées d'inspection, et nous avons vu quelques jolis coups de temps ensemble.

Ce soir-là, en fuyant devant la tempête, nous étions venus nous abriter presque en face de Bonifacio, dans une petite crique des côtes de Sardaigne.

La belle nuit ! le bel endroit ! Au loin, quelques feux de charbonniers lucquois s'allumant parmi les roches ; plus près de nous, une équipe de corailleurs napolitains qui raccommodaient leurs engins de pêche en chantant ; puis, les grandes lueurs claires de notre bivouac se reflétant dans l'eau, les matelots accroupis tout autour, la bouillabaisse odorante qui fumait, et, debout, le dos à la flamme, M. Vildieu nous contant l'odyssée du *Brise-Cailloux*.

Brave monsieur Vildieu ! Je le vois encore avec sa belle face ridée, ses moustaches blanches, son sourire sans dents, mais si bon, et ses petits yeux gris tout pétillants de malice héroïque.

C'était le vrai marin ponantais. Il avait fait son premier voyage à sept ans, et depuis toujours en mer ou sur les côtes... A son compte, il s'était trouvé à dix-huit naufrages, et il aimait à le dire ; mais ce qu'il ne disait pas, ce sont les sauvetages sans nombre qu'il avait accomplis.

Une âme de lion, ce Vildieu, avec des instincts de terre-neuve!

Il me parlait quelquefois d'un certain fusil porte-amarres dont il était l'inventeur et qu'il aurait rêvé de voir entre les mains de tous les douaniers de la côte. Depuis longtemps il avait envoyé à Paris l'exposé de ce fameux système, espérant un rapport de l'Académie des sciences, et le pauvre cher homme trouvait que M. Elie de Beaumont était bien long à lui répondre : c'était la seule tristesse de sa vie.

Du reste la plus jolie vieillesse du monde, et dans le danger toujours le mot pour rire. Quand le temps menaçait et que la mer devenait mauvaise, il vous avait une façon réjouie de crier : « Garçons, il y aura du tabac! » qui me donnait la chair de poule; puis, en pleine bourrasque, — s'il me voyait accroché quelque part sur le pont, regardant le ciel d'un air inquiet et serrant entre mes dents à la briser ma pipe éteinte depuis une heure, il s'approchait de moi pour me dire à l'oreille : « N'ayez pas peur, mon Parisien, vous êtes avec un ponantais... Je finirai par me noyer quelque jour, mais ce sera dans l'Océan! »

Pauvre M. Vildieu!

Ecoutez maintenant ce que m'écrit le capitaine Josse, de la marine de Bordeaux :

C'était au mois de juin dernier, sur les bord de l'Océan. Ce jour-là, la mer était terrible... Vers le soir, on signale à la côte un caboteur en détresse; et personne qui ose lui porter secours...

Tout à coup, un petit vieillard alerte — (ah! s'il avait eu là son porte-amarres!) — saute dans une barque, la détache de ses mains débiles et pousse au large... On ne le vit plus revenir!...

C'est ainsi que vient de mourir, à son dix-neuvième naufrage, M. Etienne Vildieu, dernier survivant de l'héroïque équipage du *Brise-Cailloux*.

LA VIE ET LA MORT DU PAPILLON

A George Sand, directeur du théâtre de Nohant

Madame,

En ce temps de comédies bourgeoises et de spectacles benoîton, l'heureuse idée vous est venue d'ouvrir, à cinq cent mille lieues des boulevards et de la place de la Bourse, un petit théâtre de fantaisie, où vous avez des fées pour habilleuses, et un lutin berrichon comme régisseur général.

Ce théâtre est, à l'heure où nous sommes, le seul théâtre de France qui puisse tenter un poète, et j'ai depuis longtemps l'ambition de m'y faire jouer. Permettez-moi donc, madame, de vous soumettre ici quelques fragments d'une œuvre dramatique, spécialement écrite pour la scène que vous dirigez.

C'est une pièce en cinq actes, en vers... Les décors seront peu de chose : un bout de pré, deux ou trois fleurettes et un coin de cimetière pour le dernier tableau. Par exemple, il me faudrait de beaux costumes : manteaux de satin bleu, justaucorps écarlates piqués de noir, gilets d'or, vestes d'or, casaquins de velours à reflets d'argent, et puis des dentelles, des panaches, des aigrettes, des ailes, des antennes... car — j'oubliais de vous le dire, madame, — mes personnages sont de petites bêtes des champs, et ma comédie a pour titre :

LA VIE ET LA MORT DU PAPILLON

Le théâtre représente la campagne. Il est six heures du soir ; le soleil s'en va. Au lever du rideau, un Papillon bleu et une jeune Bête à bon Dieu, du sexe mâle, causent à cheval sur un brin de fougère. Ils se sont rencontrés le matin, et ont passé la journée ensemble.

Comme il est tard, la Bête à bon Dieu fait mine de se retirer.

LE PAPILLON

Quoi ?... tu t'en vas déjà ?...

LA BÊTE A BON DIEU

      Dam! il faut que je rentre;
Il est tard, songez donc!

LE PAPILLON

      Attends un peu, que diantre!
Il n'est jamais trop tard pour retourner chez soi...
Moi d'abord, je m'ennuie à ma maison, et toi ?
C'est si bête une porte, un mur, une croisée,
Quand au-dehors on a le soleil, la rosée,
Et les coquelicots, et le grand air et tout.
Si les coquelicots ne sont pas de ton goût
Il faut le dire...

LA BÊTE A BON DIEU

    Hélas! monsieur, je les adore.

LE PAPILLON

Eh bien, alors, nigaud, ne t'en vas pas encore;
Reste avec moi. Tu vois, il fait bon; l'air est doux...

LA BÊTE A BON DIEU

Oui, mais...

LE PAPILLON, *la poussant dans l'herbe*

   Hé! roule-toi dans l'herbe; elle est à nous.

LA BÊTE A BON DIEU, *se débattant*

Non! laissez-moi; parole! il faut que je m'en aille.

LE PAPILLON

Chut! entends-tu?

LA BÊTE A BON DIEU, *effrayée*

Quoi donc?

LE PAPILLON

Cette petite caille
Qui chante en se grisant dans la vigne à côté...
Hein? la bonne chanson pour ce beau soir d'été,
Et comme c'est joli de la place où nous sommes...

LA BÊTE A BON DIEU

Sans doute, mais...

LE PAPILLON

Tais-toi.

LA BÊTE A BON DIEU

Quoi donc?

LE PAPILLON

Voilà des hommes.

(Passent des hommes.)

LA BÊTE A BON DIEU, *bas*, *après un silence*

L'homme, c'est très méchant, n'est-ce-pas?

LE PAPILLON

Très méchant.

LA BÊTE A BON DIEU

J'ai toujours peur qu'un d'eux m'aplatisse en marchant... Ils ont de si gros pieds et moi des reins si
frêles... Vous, vous n'êtes pas grand, mais vous avez
des ailes. C'est énorme!

LE PAPILLON

Pardieu! mon cher, si ces lourdauds
De paysans te font peur, grimpe-moi sur le dos;
Je suis très fort des reins, moi; je n'ai pas des ailes
En pelure d'oignon comme les demoiselles,
Et je peux te porter où tu voudras, aussi
Longtemps que tu voudras.

LA BÊTE A BON DIEU

Oh! non, monsieur, merci.
Je n'oserai jamais...

LE PAPILLON

C'est donc bien difficile
De grimper là ?

LA BÊTE A BON DIEU

Non! mais...

LE PAPILLON

Grimpe donc, imbécile!

LA BÊTE A BON DIEU

Vous me ramènerez chez moi, bien entendu;
Car, sans cela...

LE PAPILLON

Sitôt parti, sitôt rendu.

LA BÊTE A BON DIEU, *grimpant sur son camarade*

C'est que le soir, chez nous, nous faisons la prière.
Vous comprenez ?

LE PAPILLON

       Sans doute... Un peu plus en arrière,
Là... maintenant silence à bord, je lâche tout.
  (Prrt! Ils s'envolent; le dialogue continue en l'air.)
Mon cher, c'est merveilleux! tu n'es pas lourd du tout.

LA BÊTE A BON DIEU, *effrayée*

Ah!... monsieur...

LE PAPILLON

Eh! bien, quoi ?

LA BÊTE A BON DIEU

           Je n'y vois plus... la tête
Me tourne; je voudrais bien descendre...

LE PAPILLON

            Es-tu bête!
Si la tête te tourne, il faut fermer les yeux.
Les as-tu fermés ?

LA BÊTE A BON DIEU, *fermant les yeux*

Oui...

LE PAPILLON

Ça va mieux ?

LA BÊTE A BON DIEU, *avec effort*

       Un peu mieux.

LE PAPILLON, *riant sous cape*

Décidément, on est mauvais aéronaute
Dans ta famille...

LA BÊTE A BON DIEU

Oh! oui...

LE PAPILLON

                    Ce n'est pas votre faute
Si le guide-ballon n'est pas encor trouvé.

LA BÊTE A BON DIEU

Oh! non...

LE PAPILLON

Ça, monseigneur, vous êtes arrivé.
                    (Il se pose sur un muguet.)

LA BÊTE A BON DIEU, *ouvrant les yeux*

Pardon! mais... ce n'est pas ici que je demeure.

LE PAPILLON

Je sais; mais comme il est encore de très bonne heure
Je t'ai mené chez un muguet, de mes amis.
On va se rafraîchir le bec; — c'est bien permis...

LA BÊTE A BON DIEU

Oh! je n'ai pas le temps...

LE PAPILLON

                    Bah! rien qu'une seconde...

LA BÊTE A BON DIEU

Et puis, je ne suis pas reçu, moi, dans le monde!...

LE PAPILLON

Viens donc! Je te ferai passer pour mon bâtard;
Tu seras bien reçu, va!...

LA BÊTE A BON DIEU

.   Puis, c'est qu'il est tard!

LE PAPILLON

Eh! non! il n'est pas tard; écoute la Cigale...

LA BÊTE A BON DIEU, *à voix basse*

Puis... je... n'ai pas d'argent...

LE PAPILLON, *l'entraînant*

                    Viens! le muguet régale.
(Ils entrent chez le muguet. — La toile tombe.)

Au second acte, quand le rideau se lève, il fait presque
nuit... On voit les deux camarades sortir de chez le
muguet... La Bête à bon Dieu est légèrement ivre.

LE PAPILLON, *tendant le dos*

Et maintenant en route!

LA BÊTE A BON DIEU, *grimpant bravement*

En route!
(Prrt! Ils s'envolent... Le dialogue continue en l'air.)

LE PAPILLON

                    Eh! bien! comment
Trouves-tu mon muguet?

LA BÊTE A BON DIEU

Mon cher, il est charmant;
Il vous livre sa cave et tout, sans vous connaître...

LE PAPILLON, *regardant le ciel*

Oh! Oh! Phœbé qui met le nez à la fenêtre;
Il faut nous dépêcher...

LA BÊTE A BON DIEU

Nous dépêcher, pourquoi ?

LE PAPILLON

Tu n'es donc plus pressé de retourner chez toi ?...

LA BÊTE A BON DIEU

Oh! pourvu que j'arrive à temps pour la prière...
D'ailleurs, ce n'est pas loin, chez nous... c'est là derrière.

LE PAPILLON

Si tu n'es pas pressé, je ne le suis pas, moi.

LA BÊTE A BON DIEU, *avec effusion*

Quel bon enfant tu fais!... Je ne sais pas pourquoi
Tout le monde n'est pas ton ami sur la terre,
On dit de toi : « C'est un bohème! un réfractaire!
« Un poète! un sauteur!... »

LE PAPILLON

Tiens! tiens, et qui dit ça ?

LA BÊTE A BON DIEU

Mon Dieu! le Scarabée...

LE PAPILLON

Ah! oui, ce gros poussah!
Il m'appelle sauteur, parce qu'il a du ventre.

LA BÊTE A BON DIEU

C'est qu'il n'est pas le seul qui te déteste...

LE PAPILLON

Ah! diantre!

LA BÊTE A BON DIEU

Ainsi, les escargots ne sont pas tes amis,
Va! ni les scorpions, pas même les fourmis.

LE PAPILLON

Vraiment.

LA BÊTE A BON DIEU, *confidentielle*

Ne fais jamais la cour à l'araignée;
Elle te trouve affreux.

LE PAPILLON

On l'a mal renseignée.

LA BÊTE A BON DIEU

Hé!... les chenilles sont un peu de son avis...

LE PAPILLON

Je crois bien!... mais, dis-moi, dans le monde où tu vis,
Car enfin tu n'es pas du monde des chenilles,
Suis-je aussi mal vu ?...

LA BÊTE A BON DIEU

Dam! c'est selon les familles;
La jeunesse est pour toi. Les vieux, en général,
Trouvent que tu n'as pas assez de sens moral.

LE PAPILLON, *tristement*

Je vois que je n'ai pas beaucoup de sympathies,
En somme...

LA BÊTE A BON DIEU

Ma foi! non, mon pauvret. Les orties
T'en veulent. Le crapaud te hait; jusqu'au grillon,
Quand il parle de toi, qui dit : « Ce P... papillon! »

LE PAPILLON

Est-ce que tu me hais, toi, comme tous ces drôles ?...

LA BÊTE A BON DIEU

Moi!... Je t'adore; on est si bien sur tes épaules;
Et puis tu me conduis toujours chez les muguets,
C'est amusant! Dis donc, si je te fatiguais,
Nous pourrions faire encore une petite pause
Quelque part... tu n'es pas fatigué, je suppose ?

LE PAPILLON

Je te trouve un peu lourd, ce n'est pas l'embarras.

LA BÊTE A BON DIEU, *montrant des muguets*

Alors, entrons ici, tu te reposeras.

LE PAPILLON

Ah! merci!... des Muguets, toujours la même chose.
            (Bas, d'un ton libertin.)
J'aime bien mieux entrer à côté...

LA BÊTE A BON DIEU, *toute rouge*

                             Chez la Rose ?...
Oh! non! jamais...

LE PAPILLON, *l'entraînant*

         Viens donc! on ne nous verra pas.
(Ils entrent discrètement chez la Rose.—La toile tombe.)

Au troisième acte...

Mais je ne voudrais pas, madame, abuser plus long-temps de vos loisirs. Vous connaissez maintenant assez de mon drame pour avoir une idée du ton général dans lequel il est écrit, et je me contenterai de vous raconter le reste sommairement.

Au troisième acte, quand le rideau se lève, il est nuit tout à fait... Les deux camarades sortent ensemble de chez la Rose. Ici une scène d'un comique achevé : Le Papillon voudrait ramener la Bête à bon Dieu chez ses parents, mais celle-ci s'y refuse... Elle est saoule, fait des cabrioles sur la mousse et pousse des cris séditieux... Le Papillon est obligé de l'emporter de force jusque chez elle... On se sépare, sur la porte, en promettant de se revoir bientôt.

Et alors voilà notre malheureux Papillon qui s'en va tout seul, dans la nuit... Il est un peu ivre, lui aussi, mais son ivresse est triste. Il se rappelle les confidences de la Bête à bon Dieu, et se demande amèrement pourquoi tant de monde le déteste, lui qui n'a de haine pour personne... Ciel sans lune! Le vent souffle; la campagne est toute noire... Le Papillon a peur, il a froid; mais il se console en songeant qu'au moins son camarade est en sûreté, au fond d'une couchette bien chaude... Cependant, on entrevoit dans l'ombre de gros oiseaux de nuit qui traversent la scène d'un vol

silencieux... L'éclair brille... Des bêtes méchantes
embusquées sous des pierres ricanent en se montrant
le Papillon. — « Nous le tenons! » disent-elles... Et
tandis que l'infortuné va de droite et de gauche plein
d'effroi, un chardon au passage le larde d'un grand
coup d'épée, un scorpion l'éventre avec ses pinces, une
grosse araignée velue lui arrache un pan de son manteau de satin bleu, et pour finir, une chauve-souris lui
casse les reins d'un coup d'aile... Le Papillon tombe
blessé à mort et tandis qu'il râle sur l'herbe, les orties
se réjouissent et les crapauds disent : « C'est bien
fait! »

A l'aube, les fourmis qui vont au travail avec leurs
saquettes et leurs gourdes, trouvent le cadavre au bord
du chemin; elles le regardent à peine et s'éloignent
sans vouloir l'enterrer. Les fourmis ne travaillent pas
pour rien... Heureusement une confrérie de nécrophores vient à passer par là; ce sont, comme vous
savez, de petites bêtes noires qui ont fait vœu d'ense-
velir les morts. Pieusement elles s'attellent au papillon
défunt et le traînent vers le cimetière. Une foule
curieuse se presse sur leur passage, et chacun fait des
réflexions à haute voix. Les petits grillons bruns, assis
au soleil devant leurs portes, disent gravement : « Il
aimait trop les fleurs. » « Il courait trop la nuit! »
ajoutent les escargots, et les scarabées à gros ventre
se dandinent dans leurs habits d'or, en grommelant :
« Trop bohème! trop bohème!... » Parmi toute cette
foule, pas un mot de regret pour le pauvre mort; seulement, dans les plaines d'alentour, les grands lis ont
fermé et les cigales ne chantent pas.

Le dernier acte se passe dans le cimetière des papil-
lons... Après que les nécrophores ont fait leur œuvre,
un hanneton solennel, qui a suivi le convoi, s'approche
de la fosse, et se mettant sur le dos, commence l'éloge
du défunt... Le discours de Raymond Deslandes devant
la tombe d'Henri Mürger. — « Ah! le joli poète que

« nous venons de perdre!... Illustre et malheureux
« Papillon! Il avait tout pour lui : la grâce, l'élégance,
« le bien-dire... Mais quel bohème, mes enfants! quel
« bohème! » Et voilà notre hanneton, les pattes en
l'air, gesticulant avec gravité et s'entortillant dans ses
périodes.

Quand l'orateur a fini, tout le monde se retire, et
alors, dans le cimetière désert, on voit la jeune Bête à
bon Dieu du premier acte sortir de derrière une tombe...
Tout en larmes, elle s'agenouille sur la terre fraîche de
la fosse et dit une prière touchante pour son pauvre
petit camarade qui est là.

Telle est, madame, ma comédie de *la Vie et la Mort
du Papillon*. Je n'ai qu'un désir au monde, c'est que
cet essai dramatique vous plaise, et que vous prêtiez
pour un soir à mes acteurs microscopiques la mignonne
scène de votre théâtre de Nohant.

A<small>LPHONSE</small> D<small>AUDET</small>.

ALPHONSE DAUDET A L'ÉPOQUE DE LA COMPOSITION
DES LETTRES DE MON MOULIN

Théodore de Banville, *Camées parisiens*, Paris, 1886.

« Une tête merveilleusement charmante, la peau
d'une pâleur chaude et couleur d'ambre, les sourcils droits et soyeux; l'œil enflammé, noyé, à la
fois humide et brûlant, perdu dans la rêverie, n'y
voit pas mais est délicieux à voir, la bouche volup-
tueuse, songeuse, empourprée de sang, la barbe
douce et enfantine, l'abondante chevelure brune,
l'oreille petite et délicate, concourent à un ensemble
fièrement viril, malgré la grâce féminine. »

Emile Zola, *Les Romanciers Naturalistes*, « Alphonse Daudet » (article d'abord paru dans *Le Messager de l'Europe* de mars 1876)[1].

« Je me souviens de ma première rencontre avec M. Alphonse Daudet. Il y a longtemps de cela, quelque dix ans. Il collaborait alors à un journal très lu, il apportait un article, touchait l'argent, disparaissait avec une insouciance de jeune dieu, réfugié dans la poésie, loin des petits soucis de ce monde. Je crois qu'il habitait la banlieue, un coin écarté de faubourg, avec d'autres poètes, toute une bande de joyeuse bohème. Il était beau, d'une beauté fine et nerveuse de cheval arabe, la crinière abondante, la barbe soyeuse, séparée en deux pointes, l'œil grand, le nez mince, la bouche amoureuse; et, sur tout cela, je ne sais quel coup de lumière, quelle haleine de volupté attendrie, qui noyait la face entière d'un sourire à la fois spirituel et sensuel. Il y avait en lui du gamin français et de la femme orientale. »

---

1. A l'occasion de la publication du *Nabab*, Emile Zola consacra une étude à A. Daudet dans une revue de Saint-Pétersbourg : *le Messager de l'Europe*, de mars 1876. Cette étude fut reprise dans *la Réforme* des 15 avril et 15 mai 1879. Puis Zola consacra un deuxième article à son ami dans *le Messager* de mars 1878 qui fut repris lui aussi dans *la Réforme* des 15 juin et 15 juillet 1879. Quelques parties de cette étude avaient déjà paru dans *le Bien public* des 18 et 25 septembre 1876.

Ce sont ces textes que Zola remania et publia dans *les Romanciers naturalistes*, en un long chapitre intitulé « Alphonse Daudet ».

Il consacra aussi un chapitre de *Nos auteurs dramatiques* au théâtre d'Alphonse Daudet.

Jules Lemaitre, *Etudes et portraits littéraires*, Paris,
Lecène, Oudin et Cie, 2ᵉ série, 1890, 331 p.

     « Vérité, fantaisie, esprit, tendresse, gaieté,
mélancolie, il entre donc beaucoup de choses dans
le plus petit conte de M. Alphonse Daudet. C'est
pour cela que son talent me paraît plus difficile à
bien caractériser que celui de MM. de Goncourt
ou de M. Emile Zola. Ils ont, eux, une faculté
maîtresse qu'on distingue sans trop de peine, et,
dans l'exécution, des partis pris constants. On
peut, de la nervosité de MM. de Goncourt et de
leur passion de la modernité, déduire leur œuvre
presque tout entière. Il ne serait pas non plus
impossible de définir brièvement M. Zola : on le
montrerait poète à sa façon ; poète pessimiste et
fataliste ; on parlerait de sa morosité brutale et de
sa lenteur puissante. Au besoin, on caractériserait
MM. de Goncourt et M. Zola par leurs manies,
par leurs excès, qui sont fort intéressants, mais
qui ne sont pas minces et qui sautent aux yeux.
Parlez-moi des grands artistes outranciers qui
manquent décidément de goût par quelque côté
et qui abondent follement dans leur sens ! Parlez-
moi des monstres et des phénomènes ! Au moins
on voit tout de suite ce qu'ils sont, et ils font la
joie de la critique, hostile ou enthousiaste. Mais
qui me donnera la vraie caractéristique de M. Daudet, de ce Latin harmonieux et équilibré qu'on
prendrait presque pour un classique ? On trouve
chez lui des nerfs, de la modernité, du « stylisme »,
de la vérité vraie, du pessimisme, de la férocité ;
mais on y trouve aussi et au même degré la gaieté,
le comique, la tendresse, le goût de pleurer. Ce
qui distingue son talent, ce n'est donc pas la pré-
dominance démesurée d'une qualité, d'un sentiment, d'un point de vue, d'une habitude : c'est

plutôt un accord de qualités diverses ou opposées, et, si je puis dire, un dosage secret dont il n'est pas trop commode de fixer la formule. « Si l'on examine les divers écrivains, dit Montesquieu [1], on verra peut-être que les meilleurs et *ceux qui ont plu davantage* sont ceux qui ont excité dans l'âme plus de sensations en même temps. » Cette remarque peut s'appliquer sûrement à M. Alphonse Daudet; mais il faut ajouter qu'une autre marque et plus particulière de son talent, c'est sans doute cette aisance avec laquelle il passe et nous fait passer d'une impression à l'autre et ébranle à la fois toutes les cordes de la lyre intérieure. Et c'est, je pense, de cette absence d'effort, de cette rapidité à sentir, de cette légèreté ailée que résulte la grâce, ou le charme. Ainsi nous revenons après un long détour et sans nulle préméditation, au mot qui nous était naturellement venu en commençant l'examen des *Contes*. Pourtant le mot ne dit pas tout. Ce charme inné, irrésistible, fatal, s'unit chez notre écrivain à la plus scrupuleuse reproduction du réel. C'est peut-être dans cette alliance que consiste, en dernière analyse, son originalité. »

Georges Beaume, *Les Lettres de mon moulin d'Alphonse Daudet*, Paris, 1929, Edgar Malfière, 140 p.

« Poète de Fontvieille, Alphonse Daudet rencontra sur les chemins de Provence des âmes meurtries par des misères, qui toujours semblent injustes. Alors, il souffrait, il avait pitié. Alors, son visage, éclairé par la bonté, se mouillait d'une larme. Et c'est cette faculté si vive de comprendre les maux de son semblable et d'y compatir, qui

1. *Essai sur le goût.*

a touché les lecteurs sur tous les terroirs où ses *Lettres* sont parvenues.

(...) Ici, l'art de dire paraît ne rien être, ou presque rien. C'est la sincérité du récit, de la confession, qui résume le métal des âmes. Comme la voix de la cloche qui, en n'importe quel coin de la terre chrétienne, sonne le deuil ou la fête, la voix du poète impressionne les cordes de la lyre que chacun de nous porte en soi. Et combien ce poète doit-il émouvoir davantage, quand il ne compose son chant que des mots les plus simples, renouvelés par son génie, mais accessibles à tous les publics.

Le style d'Alphonse Daudet a le frémissement du ruisseau toujours clair, qui reflète les divers aspects d'un paysage et les changeantes parures de la nue. Le lettré aussi bien que le primitif se complaît à admirer son visage, et à se désaltérer aux heures de repos, dans cette onde d'une source saine, délicieuse de fraîcheur, parfumée de plantes bienfaisantes.

Le rire d'Alphonse Daudet n'est jamais une expression d'insulte ou de dédain. Il souhaite que ses lecteurs partagent, comme des amis, l'émoi de ses émerveillements et de ses peines. L'amour et la mort, gardiens du domaine intellectuel et moral où l'homme s'agite au milieu de tant de dangers, ne cachent pas au poète de Fontvieille leur masque de misère parfois tragique. Mais le poète par la magie de ses naturelles séductions en fait des compagnons jaloux, presque bienveillants, de l'âme humaine qui a partout les mêmes résonances. »

Jean-Louis Curtis. Préface à l'édition des *Lettres*.
Editions Rencontre, Lausanne.

« Les Lettres », « impressions et souvenirs »,
d'après le sous-titre, offrent une étonnante diver-
sité. «Choses vues», paysages, portraits, silhouettes,
comédies malicieuses au mouvement vif, drames
d'un dépouillement tragique poignant, fables et
contes philosophiques, conte fantastique, reportage exemplaire (comme les pages sur *Mistral*),
poèmes d'amour et poèmes cosmiques (comme
Les Etoiles), tout y est, jusqu'à cette notation
qu'on jurerait extraite du *Journal* d'André Gide.
« Dans ma petite chambre d'hôtel, la fenêtre
ouverte sur les remparts arabes, j'essaie de me
distraire en allumant des cigarettes... Je découvre
un volume dépareillé de Montaigne... Ouvert le
livre au hasard, relu l'admirable lettre sur la mort
de La Boétie... » On voudrait citer. Il faudrait
tout citer.

Oui, assurément, c'est le chef-d'œuvre de Daudet. Les *Lettres de mon moulin* accomplissent ce
miracle d'équilibre entre la jeunesse et la maturité
qui ne se produit guère plus d'une fois dans la
carrière de l'écrivain le plus grand. Elles sont d'un
Daudet juvénile, mais déjà meurtri par la pauvreté,
par le plaisir, par la passion, d'un Daudet qui ne
peut se passer de la vie citadine, mais que la vie
citadine étouffe, et que ressuscitent soudain,
dans un cri de joie, de gaieté et d'amour, le coup
de mistral cinglant, le soleil luisant à travers les
pins et les cymbales crissantes des cigales. Tout le
bonheur lui semble accordé auquel il aspirait.

Dès le début, dès cette navrante et trop commune, éternelle histoire de *La Diligence de Beaucaire*, l'émotion discrètement s'allie à l'humour.
La tendresse et la pitié, avec juste ce qu'il faut

d'ironie, adoucie d'un sourire, tissent un contre-
point solide et délicat à travers quoi se révèlent
les dominantes de la personnalité et de l'art de
Daudet. Il y a là cette bonté essentielle qui comprend tout, souffrance et bonheur, qui soulage les
misères, qui exalte le cœur.

Les *Lettres de mon moulin* surtout ne sont tout
entières qu'un merveilleux poème. Les mots
accourent tout gonflés d'une sensualité chaude
qui jette à profusion lignes, volumes, couleurs,
reflets, parfums et saveurs. Mais toujours sans
excès, sans la moindre trace de vulgarité. Ils sont
le chant d'une sensibilité vive, mais contrôlée avec
mesure, tact, élégance. Tout a voix humaine :
le ciel, la terre, les hommes, les animaux, les
étoiles. C'est le pur langage d'une sympathie
universelle, au rythme sans mollesse, sans miè-
vrerie. Il y a des larmes dans cette prose, mais le
ton reste sans cesse si juste, si naturel, si simple,
que le sourire en est victorieux et que, finalement, c'est une fête de sourire, dans le soleil et la
lumière de Méditerranée.

TABLE DES MATIÈRES

Chronologie 5
Préface 13
Bibliographie 31

LETTRES DE MON MOULIN

Avant-propos 37
Installation 41
La diligence de Beaucaire 47
Le secret de maître Cornille 55
La chèvre de M. Seguin 65
Les étoiles 75
L'Arlésienne 85
La mule du pape 93
Le phare des Sanguinaires 107
L'agonie de la *Sémillante* 117
Les douaniers 127
Le curé de Cucugnan 135
Les vieux 145
Ballades en prose 155
      I. *La Mort du Dauphin* . . . 157
     II. *Le Sous-préfet aux champs* . 160
Le portefeuille de Bixiou 165
La légende de l'homme à la cervelle d'or . . . 173
Le poète Mistral 181

Les trois messes basses   191
Les oranges.   203
Les deux auberges   211
A Miliana   219
Les sauterelles.   233
L'élixir du Révérend Père Gaucher   241
En Camargue   255
      I. *Le départ*   257
     II. *La cabane*   260
    III. *A l'espère!*   262
    IV. *Le rouge et le blanc*   264
    V. *Le Vaccarès*.   266
Nostalgies de caserne   269

Archives de l'œuvre   275

PUBLICATIONS NOUVELLES

ANSELME DE CANTORBERY
Proslogion (717).

ARISTOTE
De l'âme (711).

ASTURIAS
Une certaine mulâtresse (676).

BALZAC
Un début dans la vie (613). Le Colonel Chabert (734). La Recherche de l'absolu (755). Le Cousin Pons (779). La Rabouilleuse (821).

BARBEY D'AUREVILLY
Un prêtre marié (740).

BICHAT
Recherches physiologiques sur la vie et la mort (808).

CALDERON
La Vie est un songe (693).

CHRÉTIEN DE TROYES
Le Chevalier au lion (569). Lancelot ou le chevalier à la charrette (556).

CONDORCET
Cinq mémoires sur l'instruction publique (783).

CONFUCIUS
Entretiens (799).

COUDRETTE
Le Roman de Mélusine (671).

CREBILLON
La Nuit et le moment (736).

CUVIER
Recherches sur les ossements fossiles de quadrupèdes (631).

DA PONTE
Don Juan (939). Les Noces de Figaro (941). Cosi fan tutte (942).

DANTE
L'Enfer (725). Le Purgatoire (724). Le Paradis (726).

DARWIN
L'Origine des espèces (685).

DOSTOÏEVSKI
L'Eternel Mari (610). Notes d'un souterrain (683).

DUMAS
Les Bords du Rhin (592). La Reine Margot (798).

ESOPE
Fables (721).

FITZGERALD
Absolution. Premier mai. Retour à Babylone (695).

GENEVOIX
Rémi des Rauches (745).

GRADUS PHILOSOPHIQUE (773).

HAWTHORNE
Le Manteau de Lady Eléonore et autres contes (681).

HUME
Enquête sur les principes de la morale (654). Les Passions. Traité sur la nature humaine, livre II - Dissertation sur les passions (557). La Morale. Traité de la nature humaine, livre III (702). L'Entendement. Traité de la nature humaine, livre I et appendice (701).

IBSEN
Une maison de poupée (792). Peer Gynt (805).

JEAN DE LA CROIX
Poésies (719).

JOYCE
Gens de Dublin (709).

KAFKA
Dans la colonie pénitentiaire et autres nouvelles (564). Un Jeûneur (730).

KANT
Vers la paix perpétuelle. Que signifie s'orienter dans la pensée. Qu'est-ce que les Lumières ? (573). Anthropologie (665). Métaphysique des mœurs (715 et 716). Théorie et pratique (689).

KIPLING
Le Premier Livre de la jungle (747). Le Second Livre de la jungle (748).

LA FONTAINE
Fables (781).

LAMARCK
Philosophie zoologique (707).

LEIBNIZ
Système de la nature et de la communication des substances (774).

LOCKE
Lettre sur la tolérance et autres textes (686).

LOPE DE VEGA
Fuente Ovejuna (698).

MALEBRANCHE
Traité de morale (837).

MARIVAUX
Les Acteurs de bonne foi. La Dispute. L'Epreuve (166). La Fausse Suivante. L'Ecole des mères. La Mère confidente (612).

MAUPASSANT
Notre cœur (650). Boule de suif (584). Pierre et Jean (627). Bel-Ami (737). Une vie (738).

MUSSET
Confession d'un enfant du siècle (769).

NERVAL
Les Chimères – Les Filles du feu (782).

NIETZSCHE
Le Livre du philosophe (660). Ecce homo – Nietzsche contre Wagner (572). L'Antéchrist (753).

PASTEUR
Ecrits scientifiques et médicaux (825).

PIRANDELLO
Ce soir on improvise – Chacun son idée – Six personnages en quête d'auteur (744). Feu Mattia Pascal (735).

PLATON
Ménon (491). Phédon (489). Timée-Critias (618). Sophiste (687). Théétète (493). Parménide (688). Platon par lui-même (785).

PLAUTE
Théâtre (600).

PREVOST
Histoire d'une grecque moderne (612).

QUESNAY
Physiocratie (655).

RABELAIS
Gargantua (751). Pantagruel (752). Tiers Livre (767). Quart Livre (766).

RILKE
Lettres à un jeune poète (787).

RICARDO
Des principes de l'économie politique et de l'impôt (663).

ROUSSEAU
Essai sur l'origine des langues et autres textes sur la musique (682).

SHAKESPEARE
Henry V (658). La Tempête (668). Beaucoup de bruit pour rien (670). Roméo et Juliette (669). La Mégère apprivoisée (743). Macbeth (771). La Nuit des rois (756).

STEVENSON
L'Ile au Trésor (593). Voyage avec un âne dans les Cévennes (601). Le Creux de la vague (679). Le Cas étrange du Dr Jekyll et M. Hyde (625).

STRINDBERG
Tschandala (575). Au bord de la vaste mer (677).

TCHEKHOV
La Steppe (714).

TÉRENCE
Théâtre (609).

THOMAS D'AQUIN
Contre Averroès (713).

TITE-LIVE
La Seconde Guerre Punique I (746). La Seconde Guerre Punique II (940).

TOLSTOÏ
Maître et serviteur (606).

TWAIN
Huckleberry Finn (700).

VICO
De l'antique sagesse de l'Italie (742).

VILLIERS DE L'ISLE-ADAM
L'Eve future (704).

VILLON
Poésies (741).

VOLTAIRE
Candide, Zadig, Micromégas (811).

WAGNER
La Walkyrie (816). L'Or du Rhin (817). Le Crépuscule des dieux (823). Siegfried (824).

WHARTON
Vieux New-York (614). Fièvre romaine (818).

WILDE
Salomé (649).

Vous trouverez chez votre libraire le catalogue complet des livres de poche GF-Flammarion et Champs-Flammarion.

GF — TEXTE INTÉGRAL — GF

96/07/54162-VII-1996 — Impr. MAURY Eurolivres SA, 45300 Manchecourt.
N° d'édition FG026021. — 4e trimestre 1968. — Printed in France.